TUDO O QUE VOCÊ PRECISA SABER SOBRE

CONTABILIDADE

CARO(A) LEITOR(A),

Queremos saber sua opinião sobre nossos livros.
Após a leitura, curta-nos no facebook.com/editoragentebr,
siga-nos no Twitter @EditoraGente, no Instagram @editoragente
e visite-nos no site www.editoragente.com.br.
Cadastre-se e contribua com sugestões, críticas ou elogios.

MICHELE CAGAN

TUDO O QUE VOCÊ PRECISA SABER SOBRE CONTABILIDADE

DOMINE A LINGUAGEM DAS FINANÇAS

TRADUÇÃO DE LEONARDO ABRAMOWICZ

Diretora
Rosely Boschini

Gerente Editorial Pleno
Franciane Batagin Ribeiro

Assistente Editorial
Alanne Maria

Produção Gráfica
Fábio Esteves

Revisão Técnica
Marcelo Soares

Preparação
Gleice Couto

Imagens de Capa
Clipart

Adaptação de Capa,
Projeto Gráfico e Miolo
Renata Zucchini

Revisão
Wélida Muniz
Elisabete Fraczak

Impressão
Gráfica Assahi

Título original: *Accounting 101*

Rua Natingui, 379 – Vila Madalena
São Paulo, SP – CEP 05443-000
Telefone: (11) 3670-2500
Site: www.editoragente.com.br
E-mail: gente@editoragente.com.br

Dados Internacionais de Catalogação na Publicação (CIP)
Angélica Ilacqua CRB-8/7057

Cagan, Michele
Tudo o que você precisa saber sobre contabilidade: domine a linguagem das finanças / Michele Cagan; tradução de Leonardo Abramowicz. - São Paulo : Editora Gente, 2022.
272 p.

ISBN 978-65-5544-244-1
Título original: Accounting 101

1. Contabilidade I. Título II. Abramowicz, Leonardo

21-3148 CDD 657

Índice para catálogo sistemático:
1. Contabilidade

NOTA DA PUBLISHER

Negociar com fornecedores, estabelecer metas de faturamento, definir precificação e pagar colaboradores faz parte da rotina de qualquer empresa estruturada. E, neste cenário, não há nada mais comum do que números, planilhas e relatórios financeiros. Não à toa, para diretores, gestores e líderes de empresas, dominar a linguagem das finanças é fundamental.

É por isso que ***Tudo o que você precisa saber sobre contabilidade*** é o guia de cabeceira que todo gestor pode e deve compartilhar com suas equipes para ajudá-las a ter mais controle na vida profissional e pessoal. Desmistificar as finanças é o segredo para rotinas de trabalho mais tranquilas e é, sobretudo, o caminho para a concretização de sonhos de uma vida inteira, como a compra da casa própria, do carro novo ou das férias da família.

Lidar com números, caro leitor e cara leitora, não é um bicho de sete cabeças. Ao contrário, é a porta de entrada para mundos cheios de possibilidades. Por meio da contabilidade, essa ferramenta financeira de planos pessoais e de negócios tão incrível, é possível organizar a folha de pagamentos, criar reservas de emergências, estabelecer fluxo de caixa e planejar o encontro com o novo.

Vamos juntos nessa? Boa leitura!

ROSELY BOSCHINI – CEO e Publisher da Editora Gente

Ao meu pai, cujo caminho
para o sucesso eu segui.
Sinto sua falta.

SUMÁRIO

INTRODUÇÃO

Talvez você não tenha percebido, mas a contabilidade faz parte da sua vida. Saiba que, ao comprar este livro, a contabilidade participou do processo. Se comprou um *latte* no Starbucks esta manhã, a contabilidade também estava lá. Se a sua avó lhe enviou um cartão de aniversário com uma nota de 100 reais dentro, a contabilidade marcou ponto. Na verdade, a contabilidade entra em ação toda vez que você compra ou vende algo, paga uma conta, recebe um pagamento ou verifica a conta bancária. Toda vez que o dinheiro entra em sua vida, a contabilidade ajuda a entendê-lo. Independentemente de você se interessar pela contabilidade em relação a si próprio, sua empresa ou como uma carreira de remuneração atrativa e expressiva demanda, *Tudo o que você precisa saber sobre contabilidade* o auxilia a dar os primeiros passos.

Ao contrário da crença geral de que o trabalho dos contadores é entediante, a contabilidade é, na verdade, uma das carreiras mais fascinantes do mundo. Neste livro, você aprenderá de tudo, desde como os antigos escribas mantinham registros para os faraós até como a tecnologia de ponta de hoje está mudando a maneira como vemos o dinheiro. Você também verá como esses avanços tecnológicos afastaram os contadores de suas calculadoras e intermináveis sequências de números e os trouxeram para o centro da batalha diária da administração de uma empresa. Agora, juntamente com declaração de impostos e auditoria de demonstrações financeiras, o contador também pode trabalhar no Federal Bureau of Investigation (FBI), desenvolver planos de alcance ambiental e administrar finanças corporativas internacionais.

Tais avanços que levaram os contadores para o centro das atenções também aproximaram a contabilidade de você.

Em seu celular, você pode ter um aplicativo de orçamento ou um para controlar seus investimentos. Se é um microempresário, é possível usar aplicativos para receber pagamentos de clientes, organizar suas despesas ou mesmo atualizar os livros da empresa em seu celular enquanto toma um café. Talvez você até atualize seus números na nuvem ou arquive os impostos no celular. Seja como for, a tecnologia de hoje continuará avançando, e o futuro da contabilidade parece incrivelmente promissor.

Abandone suas ideias preconcebidas sobre contadores e contabilidade, pois aqui você encontrará vários capítulos que lhe apresentam tudo o que você precisa saber sobre a história da contabilidade, os empolgantes caminhos que os contadores podem seguir na carreira, a diferença entre débito e crédito, como ler as demonstrações financeiras de uma empresa antes de investir e alguns dos aplicativos mais inovadores de contabilidade pessoal e empresarial disponíveis. Portanto, prepare a sua calculadora. *Tudo o que você precisa saber sobre contabilidade* vai equilibrar suas contas – e muito mais!

Capítulo 1:

O negócio da contabilidade

A contabilidade é conhecida como "a linguagem das finanças". Esse antigo modo de comunicação decodifica os mistérios do dinheiro, traduzindo conceitos financeiros complexos em números claros e conclusivos que qualquer pessoa pode usar. Considerando que todos nos interessamos por dinheiro, a contabilidade, invariavelmente, faz parte da nossa vida.

Desde que passaram a armazenar alimentos ou a trocar lanças por peles, as pessoas descobriram um modo de contabilizar esses atos. Então veio a moeda, o que facilitou a contabilidade, mas, ao mesmo tempo, tornou-a mais difícil: facilitou porque agora havia uma maneira concreta de valorar as coisas; e dificultou porque o comércio (e as consequências dele, como infraestrutura e impostos) ficou muito mais complexo. Apesar de os negócios e as finanças pessoais terem se complicado, a contabilidade continuou a trazer ordem e comparabilidade ao caos.

Com regras claras a serem seguidas na manutenção de registros e relatórios, a contabilidade une governos, empresas e cidadãos em uma economia e mantém fluindo as informações relevantes e o dinheiro. Sem isso, não poderíamos economizar nem investir, pegar empréstimos para comprar casas e sacar dinheiro de um caixa eletrônico.

Neste capítulo, você conhecerá quem faz uso das informações contábeis, por que precisa delas e como as utiliza; e descobrirá que tudo começa com você e suas finanças. Então vamos dar uma olhada nas muitas maneiras como a contabilidade afeta sua vida.

QUEM USA INFORMAÇÕES CONTÁBEIS?

Todo mundo contabiliza

Praticamente todo mundo utiliza informações contábeis, tanto na vida pessoal quanto na profissional. Cada extrato bancário, fatura de cartão de crédito e holerite estão repletos de informações contábeis. Ao verificar as despesas lançadas na conta do restaurante e acrescentar uma boa gorjeta, você está usando a contabilidade. Ao fazer compras na Amazon, pagar impostos ou solicitar um empréstimo estudantil, você fornece informações contábeis. E esses são apenas alguns exemplos de como usamos a contabilidade em nosso cotidiano.

Em relação aos negócios, a contabilidade está ainda mais presente, e a maioria das pessoas utiliza pelo menos algumas informações contábeis no trabalho todos os dias. Seja solicitando material de escritório, dando troco aos clientes ou programando depósitos da folha de pagamento, você lida com informações contábeis.

Juntos, todos esses pequenos itens de dados contábeis formam o quadro geral de como a administração de sua casa ou empresa está se saindo financeiramente. Os responsáveis, como os chefes de família e proprietários de empresas, usam essas informações para manter as finanças sob controle e no azul, o que é de se esperar. Afinal, quando você é o responsável pelas contas, é preciso saber quanto tem, quanto deve e para onde vai o dinheiro.

Além de você, é provável que muitas outras pessoas queiram verificar como você, ou sua empresa, está se saindo financeiramente. Caso tenha um negócio, talvez essas pessoas sejam os funcionários que precisam monitorar números específicos para realizar tarefas, ou o contador que necessita de informações para preparar relatórios e ajudar na previsão orçamentária. A lista de quem precisa ter acesso a tais dados é longa e variada, e inclui:

- Gerentes de crédito, por vários motivos, desde hipotecas, empréstimos estudantis e linhas de crédito comerciais;
- Autoridades fiscais federais, estaduais e locais;
- Qualquer pessoa que possa oferecer crédito a você ou à sua empresa;
- Investidores potenciais e existentes, quer você use *crowdfunding* ou decida fazer uma IPO (*Initial Public Offering*, em português, oferta pública inicial).

Todas essas pessoas têm os próprios motivos para querer conhecer os números contábeis. Por exemplo, um credor hipotecário deseja verificar se você economizou dinheiro suficiente para pagar a entrada do imóvel, se não está se afogando em dívidas e se possui uma fonte de renda estável. Uma autoridade tributária como o fiscal do imposto de renda procura se certificar de que você não cometeu erros ao informar sua renda tributável ou na declaração de rendimentos. Os credores, em geral, buscam as mesmas informações que os banqueiros, especialmente se você tem um fluxo confiável de dinheiro entrando. Os investidores desejam se certificar de que você administra bem os recursos, para que no final seus investimentos gerem um bom retorno financeiro.

CADA PESSOA QUER ALGO DIFERENTE

Embora as pessoas que usam os seus dados contábeis desejem uma análise aprofundada de sua situação financeira, há um problema: nem todas precisam das mesmas informações e, provavelmente, nem todas vão querê-las no mesmo formato.

Ao examinar as finanças da família ou o financeiro de sua empresa, você vai querer saber todos os detalhes, informações que talvez não gostaria de mostrar a pessoas de fora. Por exemplo, você pode consultar seu talão de cheques e os extratos do cartão de crédito para descobrir possíveis deduções para a declaração de imposto de renda, mas não gostaria que os fiscais da Receita Federal analisassem esses itens pessoalmente. Essas informações – os livros que comprou na Amazon ou a sua assinatura de um serviço de *streaming* de vídeo como a Netflix – não ajudariam a Receita a verificar se você pagou o imposto de renda devido.

Quando se trata de uma empresa, embora seja informado o total de vendas na declaração de impostos, você não enviaria às autoridades fiscais um detalhamento completo das compras dos clientes. Saber se seus clientes locais compraram mais produtos de papelaria ou de limpeza, por exemplo, não ajudaria a autoridade tributária a verificar os seus cálculos. No entanto, esse tipo de informação pode ajudá-lo a descobrir se você está estocando produtos de limpeza em excesso, ou se a empresa está dependendo muito das vendas para um único cliente.

DÊ A ELES O QUE DESEJAM

Já determinamos que várias pessoas diferentes podem querer analisar as suas finanças pessoais ou as de sua empresa, e que tais pessoas talvez desejem acesso a informações diversas. Então, como agir? Primeiro, atente-se a quem está pedindo os dados contábeis. Se for uma autoridade fiscal, como a Receita Federal, você deverá fornecer as informações no formato solicitado. Por exemplo, você tem de declarar o seu imposto de renda usando os sistemas da Receita; não pode apenas enviar ao órgão uma cópia do seu holerite. Isso também se aplica aos gerentes de crédito: esses profissionais costumam analisar centenas de demonstrações financeiras todas as semanas e, por isso, tais dados precisam ser consistentes.

É importante que você saiba quais são as necessidades dessas pessoas. Se não declarar corretamente à Receita Federal, você ficará sujeito a multas, penalidades e juros. Pior, pode cair na chamada "malha fina" e ser convocado para uma auditoria. E se fornecer ao gerente de crédito informações diferentes das solicitadas por ele, você corre o risco de não conseguir o dinheiro de que precisa. Embora os números sejam os mesmos, independentemente do formato como os apresenta, a ordem e a disposição desses dados são cruciais para quem os solicita.

Responda apenas ao que lhe for perguntado

Se é você mesmo quem preenche suas informações fiscais, uma boa dica é a seguinte: não forneça mais informações do que as solicitadas. Preencha todos os campos pedidos e pronto, pare por aí. Não explique demais nem acrescente detalhes. Ao incluir informações adicionais, você pode dar margem a ser chamado para uma auditoria. Auditorias não são necessariamente ruins – às vezes mostram que você fez tudo de maneira correta –, mas não costumam ser agradáveis.

DOIS CONJUNTOS DE LIVROS

Você já deve ter ouvido a expressão "dois conjuntos de livros contábeis" saindo da boca de um agente da lei com um mandado de prisão para alguém. Costuma-se escutar tal expressão em ambientes empresariais, e seu uso é mais comum do que você imagina. A verdade é que muitas empresas mantêm um conjunto de livros para fins fiscais e outro para a contabilidade interna diária. É claro que hoje esses "livros" são feitos por programas de computador, mas a ideia continua valendo.

Por que o proprietário de qualquer empresa se preocuparia com esse assunto? Há dois motivos principais para isso:

1. Em primeiro lugar, a informatização facilitou, e muito, o rastreamento dos números informados;
2. Em segundo lugar, uma ação tomada visando à redução do valor dos impostos cobrados talvez não faça sentido em relação a outras questões, como relatar rendimentos aos investidores ou solicitar empréstimos.

Em cada caso, monitorar os números de maneiras diferentes para fins diferentes é perfeitamente legal, desde que padrões aceitáveis sejam seguidos.

Para fins fiscais, você deve atender aos requisitos da Receita Federal, ainda que não se enquadrem completamente em seu negócio. Mesmo algumas áreas em que há certa flexibilização, como determinados tipos de cálculos de despesas, podem funcionar de maneira diferente para propósitos internos (os livros "internos" da empresa), de relações públicas (por exemplo, as informações de um relatório anual corporativo) e fiscais (ou seja, os dados informados na declaração de imposto). Para fins internos, é melhor utilizar números mais próximos da realidade, ainda que signifiquem adotar uma carga tributária maior. Quando se trata de imposto de renda, porém, todos querem comunicar a renda mais baixa possível, pois isso significa uma menor cobrança de imposto.

Embora manter dois conjuntos de livros possa ser útil, para a maioria das pequenas empresas é muito mais simples controlar um único conjunto para evitar confusão. Como todos precisam cumprir os requisitos da Receita Federal, é mais fácil usar os mesmos números para tudo. Caso deseje verificar como seria se tivesse usado um segundo conjunto de números (um cálculo diferente de medição de estoque, por exemplo), você sempre poderá fazer isso à parte.

A CONTABILIDADE É MAIS DO QUE NÚMEROS

Uma amostra real da situação financeira

Quando você pensa em contabilidade, provavelmente imagina um relatório cheio de números. Afinal, a contabilidade sempre começa por aí. No entanto, ao se aprofundar um pouco mais, você verá que esses números apenas estabelecem as bases para o que a contabilidade realmente é: uma maneira de analisar e dar sentido a um fluxo contínuo de dados, a fim de que tenhamos uma base sólida para tomar decisões.

A verdade é que números sem contexto significam pouca coisa. Por exemplo, saber que uma empresa teve 200 milhões de reais em vendas parece incrível – pelo menos à primeira vista. Embora esse número isolado passe a impressão de que a empresa é bem-sucedida, a realidade pode ser bastante diferente. Talvez esse número seja 100 milhões de reais inferior às vendas do ano anterior, indicando, assim, que os produtos tenham caído em desuso. Ou, então, o número robusto pode ter resultado em um prejuízo geral para a empresa; se os custos e as despesas ultrapassaram os 200 milhões de reais, a organização apresentou um prejuízo líquido no ano. Existem dezenas de cenários em que os 200 milhões de reais de receitas não se traduzem em uma empresa de sucesso – e é aí que entra a contabilidade.

A contabilidade também se intromete em sua vida pessoal e, como acontece com as empresas, não se trata apenas de planilhas e relatórios repletos de números. De economizar nas compras para guardar dinheiro para as férias da família a parar de tomar um cafezinho na rua, todos os dias esses números afetam quase todas as áreas da sua vida. Há também um lado mais formal da contabilidade em relação a questões pessoais. Você o vê quando:

- Entra com um pedido de empréstimo estudantil;
- Investe parte do salário em um plano de previdência privada;
- Declara o imposto de renda;
- Cria um orçamento familiar.

Todas essas atividades envolvem diretamente a contabilidade.

A SUA VIDA FINANCEIRA

Desde criança, quando você recebeu a sua primeira mesada, a contabilidade passou a fazer parte de sua vida. Quer gastando tudo de imediato ou economizando aquele valor, você precisou controlar o seu dinheiro e o que comprava com ele. Ao crescer e conseguir seu primeiro emprego remunerado (como babá, varrendo o quintal do vizinho ou limpando mesas em uma pizzaria), seu relacionamento com a contabilidade começou a evoluir, ficando mais sofisticado com o tempo.

Para muitas pessoas, o primeiro vislumbre da complexidade das finanças (pelo menos fora da sala de aula) surge na hora de arcar com os custos de fazer uma faculdade privada. Reunir todos os dados necessários para solicitar empréstimos estudantis, subsídios ou bolsas envolve a coleta e organização de informações financeiras e, em seguida, documentar tudo isso – a espinha dorsal do trabalho de contabilidade. Conseguir um emprego, um cartão de crédito, comprar um carro e um imóvel provavelmente alçaram suas finanças a outro patamar. O dinheiro passou a fluir em direções diferentes, o que requer uma melhor organização e controle: você precisa saber quanto dinheiro realmente tem disponível para cobrir as despesas, e esse valor nem sempre corresponde ao saldo atual da sua conta bancária.

Depois da fase de viver no limite do salário todo mês, você começa a economizar para valer e de maneiras diferentes. Em curto prazo, a poupança de emergência desempenha o papel mais importante. Depois, há os planos para o futuro: economizar para a compra da casa própria, iniciar um plano de aposentadoria e abrir uma poupança para os filhos. Para atingir seus objetivos, você precisa saber em que pé estão suas finanças hoje e como espera que estejam no futuro. Tudo isso exige um conhecimento básico de contabilidade. Apoiado nesse saber, você tem mais facilidade para ingressar no crescente rol de empreendedores independentes e começar seu próprio negócio.

ABRINDO UM NEGÓCIO

Se você tem espírito empreendedor, não está sozinho. De acordo com a U.S Small Business Administration (Administração de Pequenas Empresas dos EUA), 28,8 milhões de pequenas empresas ajudam a manter a economia estadunidense viva – e, para todas essas empresas, a contabilidade é necessária desde o primeiro dia.[1] É verdade! Assim que você começa a planejar o seu negócio, a contabilidade assume o papel central. A estrutura para abertura de cada pequena empresa é um plano de negócios completo, com uma avaliação honesta dos ativos, uma visão realista das expectativas e demonstrações financeiras pro forma (ou seja, demonstrativos baseados nessas expectativas em vez de números históricos reais, também chamados de projeções).

Você é uma empresa

Se você trabalha como autônomo, *freelance* ou consultor, sendo pago por serviço prestado em vez de receber um salário regularmente, você é uma empresa. Isso significa que você tem despesas comerciais para deduzir diretamente de sua receita. Quando você é uma empresa, tudo

1 No Brasil, segundo o Serviço Brasileiro de Apoio às Micro e Pequenas Empresas (SEBRAE) e pela Fundação Getulio Vargas (FGV), mais de três milhões de microempreendedores individuais (MEI), micro e pequenas empresas são abertas por ano desde 2019. Para saber mais, acesse: www.sebrae.com.br. [N.R.T]

o que é gasto para ganhar dinheiro (como telefone e serviço de internet) reduz a carga tributária de toda a renda que você aufere.[2]

Assim que a empresa estiver em pleno funcionamento, você precisa manter a contabilidade em primeiro plano. Sim, as responsabilidades do dia a dia talvez o façam negligenciar as tarefas contábeis, mas esse trabalho não pode deixar de ser feito e deve ser mantido atualizado para que o negócio tenha alguma chance de sucesso. Sem a contabilidade em dia, você não consegue se planejar adequadamente para o futuro da empresa nem analisar perdas e ganhos. A história da empresa – e se ela terá ou não um final feliz – depende da contabilidade.

Os dez principais erros contábeis de pequenas empresas

Infelizmente, muitos pequenos e microempreendedores deixam as questões contábeis de lado, imaginando que farão tudo no fim do ano – ou, pelo menos, confiam que o contador cuidará das coisas. Embora as tarefas diárias de contabilidade e análise financeira não pareçam interessantes, elas lhe fornecem dados que você precisa saber, como, por exemplo, se está cobrando o suficiente pelos serviços ou o número de clientes inadimplentes. Ao evitar os números do seu negócio, você o coloca em risco. Não caia nas mesmas armadilhas que levaram milhares de empresas à falência. Essas armadilhas são as seguintes:

1. **Não saber o verdadeiro saldo de caixa:** Devido a condições como pagamentos em débito automático, cheques pendentes e despesas bancárias, o valor que aparece em sua caixa registradora e na conta-corrente pode já ter sido gasto.

2 No Brasil, empreendedores individuais e trabalhadores celetistas que atuam em regime home office podem deduzir despesas domésticas da Declaração de Imposto de Renda da Pessoa Física (IRPF). A Receita Federal, por sua vez, admite, por meio do Parecer Normativo CST nº 60, de 1978, o desconto de até 20% de impostos relacionados a custos com água e luz. Para saber mais, acesse: https://investidura.com.br/biblioteca-juridica/artigos/empresarial/243874-parecer-normativo-cst-no-60-de-20-de-junho-de-1978-. [N.R.T]

2. **Dar crédito sem verificar a saúde financeira do cliente:** Até coletar informações básicas de crédito do cliente, não faça vendas a prazo, em que a concessão de crédito seja de responsabilidade da sua empresa (opte por receber o pagamento à vista, em dinheiro ou cartão de crédito/débito). Não será uma boa venda se a empresa nunca receber por ela.
3. **Confundir lucro com dinheiro em caixa:** Quando a empresa realiza muitas vendas a crédito (ou a prazo), ela registra uma grande margem de lucro, mas sem ver dinheiro algum. Quando você faz uma venda, ela é contabilizada na receita e nos lucros, mesmo que a empresa ainda não tenha recebido do cliente. Contas não são pagas com lucro; mas, sim, em dinheiro.
4. **Pagar as contas cedo demais:** Se seus fornecedores lhe derem prazo de 30 dias para pagamento, aceite a oferta. A menos que você obtenha um desconto para pagar antecipadamente, liquidar as contas na data de vencimento melhora o fluxo de caixa da empresa. Como o caixa é algo muito precioso para novos e pequenos empresários, ter o máximo possível de dinheiro facilmente à disposição o ajuda a permanecer solvente, em especial quando surgem despesas inesperadas.
5. **Evitar tarefas de contabilidade:** Não registrar as transações regularmente o deixará com uma montanha de dados contábeis com que lidar depois, em vez de com um pequeno monte. Além disso, esse intervalo de tempo sem registro contábil pode atuar como um vácuo em que as informações de transações desaparecem e as transações nunca são lançadas.
6. **Não contratar um serviço para cuidar da folha de pagamento:** O custo de contratar esse serviço é muito pequeno se comparado ao enorme benefício que trará para o seu negócio. Além de liberar o seu tempo para cuidar de outras questões, ajudará a empresa a evitar penalidades financeiras decorrentes de registros atrasados e incorretos de impostos sobre a folha de pagamento.
7. **Pagar dividendos acidentais:** Toda vez que o proprietário de uma empresa tira dinheiro de seu negócio, isso conta

como um dividendo (uma distribuição oficial da empresa ao acionista; todos os proprietários corporativos são chamados de acionistas). Isso pode levar a um maior imposto de renda pessoal, pois nos EUA os dividendos são incluídos na renda tributável.[3]

8. **Não separar as finanças pessoais das do negócio:** Misturar dinheiro pessoal e da empresa pode causar problemas contábeis e jurídicos. Do ponto de vista da contabilidade, pagar despesas pessoais com dinheiro da empresa causa um dividendo ou distribuição, o que confunde os lançamentos contábeis. Quanto ao aspecto jurídico, misturar os dois tira a proteção financeira pessoal obtida pela incorporação ou formação de uma sociedade limitada (LTDA.; LLC nos EUA – ambas destinadas a proteger seu dinheiro pessoal de ações judiciais comerciais).
9. **Definir preços muito baixos:** Se não souber os custos antes de definir os preços do seu produto ou serviço, você corre o risco de perder dinheiro nas vendas. Uma análise simples do ponto de equilíbrio o ajuda a estabelecer os preços visando ao lucro. Por exemplo, caso coloque cinquenta relógios para venda em sua loja, você precisa levar em consideração: impostos sobre vendas, taxas de entrega e despesas gerais relacionadas aos relógios, a fim de chegar ao preço real e ao ponto de equilíbrio.
10. **Transferir todas as questões financeiras para outra pessoa:** Sem um conhecimento profundo das finanças da empresa, você não consegue tomar decisões certeiras. Mesmo que não queira lidar com as tarefas contábeis diárias, consulte suas demonstrações financeiras todos os meses para poder projetar os lucros e evitar possíveis problemas.

---

3 No Brasil, lucros e dividendos pagos a acionistas não são tributados da IRPF. Disponível em: https://www.contabilizei.com.br/contabilidade-online/tributacao-de-lucros-e-dividendos-o-que-o-projeto-de-lei-atual-pretende/. [N.R.T]

INVESTINDO SEU DINHEIRO

Investir, que significa colocar seu dinheiro em uma empresa administrada por outrem, estimula a necessidade de se ter informações contábeis confiáveis e consistentes. Ao decidir se e onde investirá, você deseja ter em mãos dados contábeis e análises dignos de um romance; e uma sinopse apresentada pela própria empresa nunca oferece uma imagem completa e verdadeira das perspectivas do negócio.

Nesse contexto, a contabilidade trata de sua saúde financeira futura. Uma corporação deslumbrará os investidores em potencial com fotos coloridas, demonstrações "sinceras" e números destacados da maneira mais brilhante possível para atrair mais dinheiro para seus cofres. No entanto, quando você entende os meandros desses números e tem um real controle sobre as práticas contábeis da empresa, o lustro perderá o seu brilho e a história real se revelará. Às vezes, essa história mostra uma empresa que de fato merece sua confiança e suas economias; outras vezes, expõe uma contabilidade "criativa", práticas comerciais duvidosas e sinais de alerta que indicam que você deve investir em outro lugar.

A única maneira de saber se o seu alvo de investimento é um sucesso ou um fracasso é ouvir a história que os números contam, em vez de simplesmente se concentrar nos próprios números.

CONTABILIDADE NO MUNDO ANTIGO

Cinco conchas por três pedras, por favor

Arqueólogos e historiadores acreditam que a contabilidade tenha surgido antes mesmo da escrita. Na verdade, alguns acreditam que a própria escrita primitiva se desenvolveu a partir do uso de marcas para controlar mercadorias armazenadas em depósitos antigos, há mais de cinco mil anos. E isso faz sentido, pois, desde os primórdios da civilização, as pessoas se dedicam ao comércio.

Na Mesopotâmia, o "berço da civilização", os antigos escribas registravam, em grossas tábuas de argila, atividades comerciais, como a troca de trigo ou lã por marfim ou cobre. Os mesopotâmios comercializavam com outros povos antigos, incluindo os fenícios, uma civilização navegante que trazia mercadorias de terras distantes – especiarias exóticas, tintas brilhantes e metais preciosos – para a região fértil.

As transferências de dinheiro no mundo antigo

Os banqueiros na Grécia Antiga mantinham livros contábeis detalhando as "transferências de dinheiro" dos clientes de outros bancos da região. Também emprestavam valores aos cidadãos e trocavam dinheiro para clientes que tinham moedas estrangeiras. Essas práticas foram as precursoras do atual sistema bancário internacional.

Com o tempo, as moedas foram criadas e a contabilidade das transações assumiu um caráter diferente. Os banqueiros da Grécia Antiga mantinham registros detalhados em diários de bordo. Os romanos confiavam nos patriarcas da família para prestar contas dos movimentos monetários e comerciais. Os povos do Oriente Médio desenvolveram uma aritmética rudimentar, a fim de garantir que os negócios fossem imparciais e controlar estoques em armazéns e propriedades do governo.

O TESOURO REAL FINANCIOU AS PIRÂMIDES

Na tumba do rei Escorpião I do Antigo Egito, os arqueólogos encontraram algo inesperado: as raízes da contabilidade. Presas a sacos de linho e óleos estavam "etiquetas" feitas de osso, cada uma inscrita com marcas de inventário. Os contadores dessa cultura antiga registravam meticulosamente os conteúdos dos depósitos reais, certificando-se de que cada item do estoque fosse contabilizado com precisão. Quando cometiam um erro, ainda que muito pequeno, era aplicada uma penalidade severa – mutilação ou morte.

Conta nos tempos antigos

Embora tenha se originado na China (supostamente por volta de 3.000 a.C.), o ábaco era a ferramenta de contagem favorita entre os antigos egípcios. Um ábaco (às vezes chamado de "quadro de contagem") é formado por uma série de hastes ou fios dispostos em um quadro retangular; os usuários deslizam as contas para cima e para baixo nas hastes, a fim de realizar cálculos matemáticos simples.

À medida que a sociedade egípcia se tornava mais complexa, a manutenção de registros também ficava mais intricada. Quando o valor do trabalho foi reconhecido, a simples contagem não funcionava mais para capturar os custos; então, os egípcios tiveram de encontrar uma maneira de contabilizar o esforço e os resultados. Isso levou a sistemas mais sofisticados para controlar a riqueza real, já que se esperava que os contadores medissem o capital real (riqueza total), bem como monitorassem projetos agrícolas e de construção, incluindo as grandes pirâmides.

Essas novas necessidades contábeis dos antigos governantes egípcios resultaram no uso do papiro, uma espécie de papel feito de junco, para documentar permanentemente as informações. Dentre os registros públicos, havia receitas de impostos, pagamentos de tributos (ao faraó, de reinos vizinhos) e inventário real.

CEM OVOS POR UMA MESA DE JANTAR

A contabilidade também foi progredindo em outras partes do mundo, incluindo a maneira como as pessoas documentavam seus negócios. Durante a Idade Média, antes de o dinheiro começar a circular na Europa, as pessoas utilizavam um sistema de permuta e comércio para conseguir o que precisavam. A partir desse sistema, surgiu a necessidade de manutenção de registros escritos, com cada pessoa detalhando seu lado do acordo. Ao contrário dos livros contábeis modernos, que são preenchidos com colunas e linhas intermináveis de números, esses livros continham narrativas pitorescas descrevendo as trocas. Por exemplo, o livro-razão de um fazendeiro poderia conter o seguinte:

> **Quinta-feira, 15 de março:** hoje forneci a Josiah Greenwood cinco galinhas em troca de dez sacos de grãos.
> **Terça-feira, 24 de abril:** Henry Smith concordou em construir para mim uma mesa de jantar em troca de cem ovos, a serem entregues assim que o móvel estiver pronto. Entregarei dez ovos por semana durante dez semanas, assim que for concluído.
> **Segunda-feira, 7 de junho:** concordei em fornecer vinte ovos por semana para William Hart em troca de 7,5 litros de leite por semana. Este acordo durará um ano, a partir de hoje.

Já que algumas das barganhas, como as usadas no exemplo, seriam cumpridas muito tempo depois de os acordos terem sido firmados, esses livros também serviam como prova dos negócios quando desentendimentos levavam as partes envolvidas à frente dos magistrados. As descrições bastante detalhadas também ajudavam as pessoas a controlar suas mercadorias ou serviços e a se planejar com antecedência para tempos de vacas magras.

MOEDA E CÁLCULOS

Quando a moeda passou a entrar nos sistemas comerciais, tudo mudou. Os registros agora se concentravam nos números. Comerciantes e artesãos começaram a se preocupar com lucrar e aumentar a riqueza, e não mais simplesmente trocar o que tinham pelo que necessitavam. Os contadores voltaram à moda, pois muitos comerciantes bem-sucedidos não eram adeptos da matemática. Em vez de lidar com os números em si, os contadores contratados pelos comerciantes começaram a controlar quanto estes deviam, quanto lhes era devido e quanto haviam armazenado.

Os livros contábeis dessa época eram um pouco parecidos com os anteriores, mas com um grande acréscimo: uma coluna especial para números. Todas as transações passaram a vir com uma indicação de preço, ou de dinheiro saindo ou entrando. Cada descrição narrativa era, portanto, seguida por uma quantia baseada na moeda local.

Agora, o mesmo livro-razão do fazendeiro teria a seguinte aparência:

LIVRO-RAZÃO		
DATA	**DESCRIÇÃO**	**MONTANTE**
Quinta-feira, 15 de março	vendeu 5 galinhas	+$ 15
Quinta-feira, 15 de março	comprou 10 sacos de grãos	-$ 15
Terça-feira, 24 de abril	comprou mesa de jantar	-$ 100
Terça-feira, 24 de abril	vendeu 100 ovos	+$ 100
Segunda-feira, 7 de junho	vendeu 20 ovos	+$ 10
Segunda-feira, 7 de junho	comprou 2 galões de leite	-$ 10

Os comerciantes e vendedores apenas repassavam aos contadores quais negócios haviam realizado naquele dia. Com essas informações, o contador criava uma descrição da operação e, em seguida, decidia se deveria adicionar ou subtrair dinheiro no livro-razão. No final do mês, o contador registrava todas as entradas daquele período – um processo demorado, pois cada transação gerava, pelo menos, duas entradas no livro – e calculava se havia lucro ou prejuízo para o comerciante. Felizmente, esse método cansativo de contabilidade mudaria em breve.

UM FRADE ITALIANO MUDA TUDO

No final do século XV, um carismático frade italiano chamado Luca Pacioli mudou para sempre o modo de fazer contabilidade, transformou-o em um processo que é utilizado até hoje. Pacioli começou a dar aulas de Matemática aos filhos de comerciantes quando ainda era adolescente. A partir daí, ingressou na ordem franciscana, tornando-se frade. No entanto, foi seu amor e profundo conhecimento da Matemática que o levaram à primeira Cátedra de Matemática na prestigiosa Universidade de Perugia.

No mundo contábil, Pacioli ainda é bastante reverenciado devido à sua descrição detalhada da contabilidade por partidas dobradas (em que todas as partes de uma transação são registradas em um único lançamento), um método que perdurou ao longo dos séculos. Tal sistema é encontrado em seu livro revolucionário, *Summa de Arithmetica, Geometria, Proportioni et Proportionalita*. Além de ser uma cartilha sobre débitos e créditos (componentes cruciais dos lançamentos contábeis que determinam se os saldos das contas serão aumentados ou diminuídos) – elementos fundamentais que levaram à contabilidade moderna –, o livro explica os procedimentos contábeis, como o uso adequado de diários e livros-razão. Utilizando esse método simplificado, o livro-razão do fazendeiro ficaria mais ou menos assim:

DATA	DESCRIÇÃO	MONTANTE	CONTA DE DÉBITO	CONTA DE CRÉDITO
Quinta-feira, 15 de março	vendeu 5 galinhas	$ 15	Caixa	Vendas
Quinta-feira, 15 de março	comprou 10 sacos de grãos	$ 15	Grãos	Caixa
Terça-feira, 24 de abril	comprou mesa de jantar	$ 100	Móveis	Caixa
Terça-feira, 24 de abril	vendeu 100 ovos	$ 100	Caixa	Vendas
Quinta-feira, 7 de junho	vendeu 20 ovos	$ 10	Caixa	Vendas
Quinta-feira, 7 de junho	comprou 2 galões de leite	$ 10	Leite	Caixa

A obra inspiradora do frade também incluiu outros tópicos, como: o ciclo da contabilidade, a ética em contabilidade e a ideia (na época, revolucionária) de que os débitos deveriam ser iguais aos créditos antes de se considerar encerrada a jornada diária de trabalho do guarda-livros. Com isso, não é de admirar que Pacioli tenha ficado conhecido como o "pai da contabilidade moderna".

CONTABILIDADE MODERNA

De moedas a ações de empresas

Os negócios, tanto em termos comerciais quanto de trocas, floresceram à medida que a Revolução Industrial se espalhava pela Europa, especialmente na Grã-Bretanha. A combinação gerou a necessidade de sistemas e procedimentos contábeis mais rigorosos e avançados. Por volta dessa época (início da década de 1600), nasceram as primeiras empresas, exigindo mais mudanças e avanços. A contabilidade foi arrastada para a Idade Moderna, e era hora de uma reforma completa.

Ao contrário das transações simples do passado, os novos negócios de manufatura e de base fabril demandavam uma contabilidade de custos mais complexa (calcular exatamente quanto custava para fazer um produto). Os materiais básicos agora se transformavam em mercadorias completamente diferentes, e inventários completos eram exigidos em cada etapa do processo. Descobrir os custos de uma produção e os lucros dela ficou complicado e aumentou a necessidade de um controle preciso.

Com o advento dessa nova estrutura corporativa, na qual os acionistas (proprietários) raramente participavam das operações do dia a dia, pela primeira vez na História havia uma distância entre uma empresa e seus proprietários. Nesse recente sistema de negócios, os proprietários podiam nem mesmo ver a empresa, os trabalhadores, os gerentes, os produtos ou até os outros acionistas. A corporação em si era uma entidade autônoma (pelo menos para fins legais e financeiros), a despeito de quem criou o negócio ou o colocou em funcionamento. Esses proprietários estavam muito interessados no que acontecia por trás das portas da empresa e confiavam nos contadores para informá-los sobre o quadro financeiro. O que requereu a elaboração de relatórios mais sofisticados e uma série de novas regras e regulamentações.

AS CORPORAÇÕES MUDAM A CONTABILIDADE

Com o surgimento das corporações, as tarefas básicas da contabilidade evoluíram para o complexo conjunto de regras que regem a contabilidade atualmente. No início, as corporações estavam famintas por levantar capital para dar a largada e expandir. Para atrair investidores, espalhavam para amigos e familiares seus planos de lucros. As pessoas, sempre ansiosas por um retorno rápido, investiam seu dinheiro muitas vezes confiando cegamente no conselho dos outros. Assim, investir realmente equivalia a jogar: se você tivesse sorte, colheria lucros; caso contrário, poderia perder tudo, ficando com uma mão na frente e outra atrás.

À medida que os investidores ficam mais cautelosos, o fluxo de dinheiro começa a secar. Então, as corporações passaram a divulgar demonstrativos financeiros de seu desempenho. Mesmo assim, os investidores não confiavam completamente nesses números, o que originou um novo campo dentro da contabilidade. Agora, em vez de apenas documentar os números em relatórios legíveis, os contadores eram chamados a revisar essas informações de modo independente – e a profissão começou a crescer seriamente.

OS PODERES DA FERROVIA MUDAM O QUADRO

Mais marcante que o surgimento das corporações para a contabilidade foi a construção de ferrovias nos EUA, que, no início dos anos 1800, impactou grandemente novos investidores e o modo como se conduzia os negócios. Para transportar pessoas e mercadorias para destinos distantes e obter lucro ao longo do caminho, as ferrovias precisavam de informações financeiras detalhadas. O setor era alimentado por dinheiro, e a competição era acirrada.

Os barões das ferrovias recorreram a contadores para relatórios de custos, definição de tarifas competitivas, estimativas de expansão, índices operacionais e demonstrações financeiras. Munidos dessas informações, poderiam tomar decisões melhores quanto a rotas, taxas e fluxos de receita.

À medida que as ferrovias diminuíam as distâncias no país, o comércio interestadual se expandia com rapidez. Transações que anteriormente precisavam de semanas ou meses para serem liquidadas, agora levavam apenas dias ou horas. A velocidade e o número de negócios realizados aumentaram. Os investidores se admiraram com o potencial de obter lucros mais rápidos e recorreram a contadores para preencher as lacunas de informações.

A PRIMEIRA GUERRA, A QUEBRA DA BOLSA E A RESPOSTA DO GOVERNO

A profissão de contador foi oficialmente estabelecida nos Estados Unidos em 1896, e o título de CPA (*certified public accountant* – contador público certificado, em português) nasceu. Esses primeiros contadores enfrentaram requisitos rígidos de licenciamento, incluindo experiência e exames, para garantir que pudessem acompanhar a crescente demanda por informações financeiras. Esse reconhecimento veio na hora certa, pois, apenas treze anos mais tarde, o Congresso aprovou a 16ª Emenda, que permitia ao Tio Sam cobrar oficialmente imposto de renda de todos os estadunidenses.[4]

4 O Imposto de Renda foi criado no Brasil em 1922, cinco anos antes do primeiro Conselho Regional de Contabilidade (CRC), realizado na cidade de São Paulo. Em 1946, os CRCs ganharam poder legal para regulamentar a profissão. Hoje, a contabilidade só pode ser exercida por profissionais formados em cursos universitários reconhecidos pelo Ministério da Educação (MEC) e após certificação em um CRC. Para saber mais: https://crcsp.org.br/portal/conheca/historia.asp; e www.gov.br/receitafederal./pt-br/acesso-a-informacao/institucional/memoria/imposto-de-renda/historia/1922-a-1924-a-instituicao-do-imposto-de-renda-no-brasil. [N.R.T]

Primeira Guerra Mundial

No início, o imposto era relativamente baixo, como se fosse um pagamento simbólico. Então estourou a Primeira Guerra Mundial, e o imposto de renda se tornou a peça central da agenda de receitas do governo. À medida que o país se enredava na guerra, as taxas aumentavam, e houve a estreia das alíquotas progressivas (em que as taxas de impostos variavam conforme os níveis de renda), com a alíquota do nível superior atingindo impressionantes 63%. Por volta da mesma época, em 1917, o Congresso criou um imposto sobre as empresas, tributando todos os lucros acima de uma taxa de retorno "razoável". Todas essas mudanças colocaram um pesado fardo sobre o batalhador Bureau of Internal Revenue (Departamento de Receitas Internas), pois de repente havia muito mais contribuintes; o governo, porém, ficou satisfeito ao ver seus cofres transbordando e manteve todos os impostos em vigor. Essas mudanças acarretaram muito mais trabalho aos contadores, e mais estava por vir.

O Tio Sam quer mais dinheiro

De acordo com o Projeto História dos Impostos, o imposto de renda representava aproximadamente 16% da receita federal em 1916. Essa parcela atingiu 58% entre 1917 e 1920. Hoje, o imposto de renda representa 46,2% da receita federal total a cada ano.[5]

Um pico e depois a quebra

A demanda por contadores manteve-se estável por um tempo após o pico que ocorreu devido à cobrança do imposto de renda, antes de 1920. Depois de saírem vitoriosos da Primeira Guerra Mundial, os

5 No Brasil, o imposto cobrado de pessoas físicas (IRPF) e de empresas (IRPJ) representaram quase um quarto da arrecadação federal em 2021, totalizando cerca de R$ 1,8 trilhão. Disponível em: https://www.gov.br/receitafederal/pt-br/acesso-a-informacao/dados-abertos/receitadata/arrecadacao/serie-historica. [N.R.T]

estadunidenses estavam confiantes e otimistas, e despejaram toda sua crença no mercado de ações, sem pensar no risco, embora a maioria dos investidores não tivesse ideia de como o mercado funcionava. Esse entusiasmo se misturou com muito dinheiro, e vigaristas vieram com força para aumentar artificialmente os preços das ações visando ganho próprio. Esse impulso ascendente, porém, não pôde ser mantido e, em 29 de outubro de 1929, o mercado de ações quebrou, demorando muitos anos para se recuperar totalmente.

Depois que a Grande Depressão destruiu fortunas em todo o país, o governo e o povo exigiram mais responsabilidade das empresas, e logo o governo dos EUA começou a aprovar leis, como parte do New Deal do presidente Roosevelt, para acalmar os investidores e restaurar a confiança no mercado de ações.

REGRAS CONTÁBEIS

Siga os números à risca

O mundo da contabilidade é regido por várias regras, algumas de escopo amplo e outras detalhadas até o último centavo. Ao longo da História, diferentes necessidades sociais originaram uma nova Matemática e novos métodos construídos ao acaso em cima de experiências anteriores. Conforme diferentes culturas interagiam e se fundiam, suas regras, muitas vezes contrastantes, se contradiziam e, assim, contadores e empresas pediam esclarecimentos. Com o tempo, as regras contábeis foram sistematicamente organizadas no contexto de cada país, oferecendo uma orientação clara aos profissionais de contabilidade, impostos e finanças.

As primeiras regras oficiais de contabilidade nos Estados Unidos vieram da Securities and Exchange Commission (Comissão de Valores Mobiliários), comumente chamada de SEC, e não parou por aí.[6]

MAIS TRABALHO PARA OS CONTADORES

Quando os estadunidenses se conscientizaram da fraude financeira que causara a Grande Depressão, os legisladores sabiam que precisavam tomar medidas sérias. Assim, em 1934, criaram a SEC para restaurar a confiança no mercado de ações, e também para impor novas regras destinadas a regular as empresas de capital aberto e reprimir a atividade financeira ilegal. Para esse fim, o governo exige que todas as empresas com ações negociadas

6 As normas de contabilidade são definidas no Brasil pelo Conselho Federal de Contabilidade (CFC). O equivalente local da SEC é a Comissão de Valores Mobiliários (CVM), autarquia que regulamenta o mercado de capitais e a atuação de seus operadores. Disponível em: https://cfc.org.br/noticias/contador-conheca-as-normas-de-contabilidade-voltadas-para-as-micro-e-pequenas-empresas/https://www.gov.br/cvm/pt-br. [N.R.T]

nos Estados Unidos sejam registradas na SEC e que divulguem informações financeiras específicas para o público, incluindo demonstrações financeiras auditadas de maneira independente.

Mais uma vez, a necessidade de profissionais de contabilidade qualificados disparou. Com as empresas de capital aberto agora legalmente obrigadas a contratar CPAs nos EUA, o interesse pela profissão cresceu. E com tanta desconfiança dos investidores nas empresas, as pessoas depositaram sua fé nesses auditores independentes para erradicar a trapaça e a fraude.

O COMITÊ DE PADRÕES DE CONTABILIDADE FINANCEIRA

Em 1973, nasceu o Financial Accounting Standards Board (Comitê de Padrões de Contabilidade Financeira) ou FASB. Esse grupo do setor privado (não uma entidade governamental) define padrões, regras e diretrizes que orientam o setor de contabilidade. Naturalmente, trabalham seguindo os regulamentos da SEC, mas, como nem todas as empresas são de capital aberto, as regras da SEC muitas vezes não se aplicam.

O governo tem o GASB

Enquanto os contadores do setor privado são regidos pelo FASB, os contadores que trabalham para o governo federal são submetidos a um conjunto diferente de padrões conhecido como Governmental Accounting Standards Board (Comitê de Padrões de Contabilidade Governamental) ou GASB.

A orientação do FASB é garantir que os investidores (juntamente com outros usuários de relatórios financeiros) recebam informações úteis e transparentes que representem com precisão a saúde financeira de uma empresa – não apenas os dados que a administração de uma organização deseja compartilhar. Além disso, como suas regras se aplicam a todos os tipos de empresas, esses padrões funcionam em todos os modelos de mercados financeiros.

ESCÂNDALOS FINANCEIROS LEVAM A MUDANÇAS NA REGULAMENTAÇÃO

As leis mais recentes na área contábil surgiram de um escândalo e do impacto devastador que sofreu a economia estadunidense. Ironicamente, esses regulamentos ocasionaram aumento de trabalho para os contadores e de demanda por seus serviços de alta qualidade.

Depois dos escândalos da WorldCom, Tyco e Enron de 2000 a 2002, o Congresso dos EUA criou e aprovou a Lei Sarbanes-Oxley (conhecida como SOx) em 2002. Essa legislação impôs regulamentos muito mais rígidos sobre as empresas de contabilidade e seus serviços de consultoria, como uma maneira de proteger melhor o público investidor de atividades financeiras corporativas fraudulentas por meio da transparência financeira, assegurando, principalmente, que os contadores não participem da fraude (como foi o caso da firma de contabilidade da Enron, a Arthur Andersen, que aprovou os registros fraudulentos do cliente).

As três disposições de maior impacto da SOX envolvem responsabilidade pessoal e integridade corporativa:

1. **A seção 302** exige que a alta administração de uma empresa ateste a exatidão das demonstrações financeiras, o que significa que o CEO (diretor executivo) e o CFO (diretor financeiro) agora respondem pessoalmente pelos números nesses relatórios;
2. **A seção 404** exige a criação e a manutenção de controles internos rígidos, o que inclui a formação de uma excelente equipe de auditoria interna;

3. **A seção 802** especifica quais registros contábeis devem ser mantidos e por quanto tempo, para assegurar que os registros não sejam destruídos nem fraudados.

Igualmente importante, de acordo com o Título II - Independência do Auditor, contadores externos não estão autorizados a auditar os livros de uma empresa para a qual também prestam serviço de gestão ou consultoria, exigindo que as empresas contratem duas firmas distintas para essas tarefas.

Todas essas rígidas diretrizes ajudam a proteger os investidores de práticas contábeis "criativas" que parecem seguir as regras básicas de contabilidade, conhecidas como GAAP.

PRINCÍPIOS DE CONTABILIDADE GERALMENTE ACEITOS

Preste atenção aos GAAP

Nos Estados Unidos, o conjunto atual de regras que orientam os relatórios financeiros é conhecido como GAAP (pronuncia-se "guép"), que significa Generally Accepted Accounting Principles (Princípios de Contabilidade Geralmente Aceitos). O principal objetivo dos GAAP é a criação de demonstrações financeiras consistentes ano após ano, dando aos investidores um quadro mais claro da situação financeira de uma empresa. Todas as empresas de capital aberto devem fornecer anualmente demonstrações financeiras auditadas preparadas de acordo com os GAAP.

O propósito dos GAAP é garantir que as informações que constam nos relatórios contábeis sejam relevantes, confiáveis, comparáveis e consistentes:

- **Relevante:** os números fornecem dados que uma pessoa razoável precisaria saber para tomar uma decisão de investimento inteligente;
- **Confiável:** as informações podem ser verificadas como precisas por entidade externa independente;
- **Comparável:** as demonstrações financeiras da empresa contêm tipos de informações iguais a outras do mesmo setor;
- **Consistente:** os números nos relatórios são calculados da mesma maneira, com base em estimativas e princípios contábeis utilizados em exercícios anteriores.

Tais características são vitais para os investidores em companhias abertas, pois, com essas informações, eles tomam decisões de investimento sólidas. Sem os GAAP, a desinformação pode levar os investidores a inadvertidamente realizar investimentos duvidosos.[7]

OS PRINCÍPIOS BÁSICOS

Há muitas regras e orientações detalhadas que explicam como contabilizar as transações financeiras. No entanto, quando se trata dos GAAP, existem dez princípios importantes que estabelecem a estrutura para praticamente todas as coisas contabilizadas:

1. **A divulgação total**, o princípio mais importante, exige que tudo – ações judiciais pendentes, mudanças esperadas na lei, transações incompletas e assim por diante – que possa impactar os demonstrativos financeiros seja revelado e relatado;
2. **A suposição de entidade econômica** afirma que cada empresa (ou pessoa ou entidade governamental) tem uma identidade distinta e única e deve manter os próprios registros contábeis em separado;
3. **O pressuposto da unidade monetária** significa que todas as transações podem ser expressas em termos de dinheiro e que a unidade monetária escolhida (seja o dólar estadunidense ou o iene japonês) é estável e segura;
4. **O reconhecimento da receita** exige que as receitas sejam contabilizadas quando forem obtidas, independentemente de quando o dinheiro é efetivamente recebido;
5. **O princípio da correspondência** afirma que as despesas devem ser relatadas no mesmo período contábil das receitasàs

7 No Brasil, há um conjunto de normas legais que equivalem aos GAAP. Elas incluem a Lei das S/A (Lei 6.404/1976) e suas alterações (11.638/2007 e 11.941/2009), além das resoluções, circulares e comunicados do Conselho Federal de Contabilidade (CFC), do Conselho Monetário Nacional (CMN), do Conselho Nacional de Seguros Privados (CNSP), do Banco Central, da Comissão de Valores Mobiliários (CVM), da Receita Federal e da Superintendência de Seguros Privados (SUSEP). Além disso, a qualquer momento pode surgir uma nova norma tributária federal, estadual ou municipal que afete a contabilidade de uma empresa. Por isso, os contadores precisam se manter sempre bem-informados. Para saber mais, checar: https://www.suno.com.br/artigos/br-gaap/[N.R.T]

quais estão relacionadas, também independentemente de quando o dinheiro muda de mãos;

6. **O princípio da continuidade** se baseia na ideia de que, pelo menos no que diz respeito à contabilização e às informações das demonstrações financeiras, a entidade econômica existirá indefinidamente;
7. **O período de tempo específico** se refere a intervalos de tempo definidos (meses, trimestres, anos ou anos ficais, por exemplo) que devem ser especificados nas demonstrações financeiras;
8. **O princípio do custo** exige que os valores reportados nas demonstrações financeiras se refiram ao custo histórico, que é o valor real pago, e não o valor de mercado atual ou ajustado pela inflação;
9. **A materialidade** trata da importância relativa de erros ou distorções e do quanto afetariam as pessoas que confiam na precisão das demonstrações financeiras;
10. **O conservadorismo** requer que as demonstrações financeiras representem os números mais conservadores possíveis; e exige que os prováveis passivos e despesas sejam registrados imediatamente (mesmo que não ocorram), e as receitas e os ganhos reconhecidos somente quando são auferidos.

QUANDO AS COISAS MUDAM

Embora um dos princípios básicos da contabilidade exija consistência nas demonstrações financeiras, mudanças acontecem. Quase todos os comitês que definem padrões contábeis concordam em como tratar tais mudanças. Há duas delas que afetam as demonstrações financeiras passadas, atuais e futuras:

1. Mudanças nas estimativas contábeis;
2. Mudanças nos princípios contábeis.

Lembre-se de que essas mudanças não têm nada a ver com correções de erros, como consertar equívocos matemáticos ou ajustar lançamentos contabilizados indevidamente (crédito na conta de materiais de escritório em vez de na conta de móveis de escritório, por exemplo), mesmo que possam parecer assim para investidores leigos.

Mudanças nas estimativas contábeis

Ocorrem quando uma empresa recalcula um número ou a porcentagem utilizada em seus cálculos nas demonstrações financeiras. Às vezes, contadores usam estimativas para registrar valores que não podem definir, lidando com as melhores informações que conseguem reunir no momento. Valores comumente estimados no mundo da contabilidade incluem: a duração de um ativo fixo (uma propriedade ou um equipamento) ou os custos da empresa relacionados a despesas com garantia de um novo produto. Quando uma estimativa fica muito distante do valor real, os contadores podem revisá-la. Se o impacto dessa mudança for considerado irrelevante, não há mais nada para o contador fazer. No entanto, se afetar vários períodos contábeis, a mudança, especialmente o impacto no lucro líquido, deve ser divulgada nas demonstrações financeiras da empresa.

Os períodos contábeis param o tempo

Um período contábil cobre uma quantidade de tempo específica – um mês, um trimestre, um ano – para monitorar transações, e esse período deve ser claramente indicado nas demonstrações financeiras. Por exemplo, ao analisar relatórios financeiros anuais, o período contábil adotado seria de um ano, indicado como "para o ano terminado em 21 de dezembro de 2016".

Mudanças nos princípios contábeis

Ocorrem quando os gestores financeiros de uma empresa decidem trocar o método utilizado para calcular os números que aparecem em suas demonstrações financeiras. Por exemplo, mudar o modo de avaliação do estoque. Desde que a mudança esteja de acordo com os GAAP ou com as International Financial Reporting Standards - IFRS (Normas Internacionais de Contabilidade - um conjunto mundial de diretrizes contábeis),[8] não há qualquer problema nisso, mas a empresa precisa divulgar adequadamente o impacto dessa mudança. Para tal, deve aplicá-la retroativamente a todos os períodos de relatório anteriores, como se estivessem contabilizando desse modo o tempo todo. Esse processo é conhecido como "reformulação" das demonstrações financeiras. Além disso, a mudança precisa ser totalmente detalhada e informada nas notas explicativas que acompanham os relatórios contábeis.

CUIDADO COM AS MEDIDAS NÃO GAAP

Às vezes, porém, o uso dos GAAP não retrata uma imagem fiel da situação financeira da empresa ou o desempenho de sua atividade principal; e, nessas circunstâncias, a empresa pode registrar transações utilizando métodos não GAAP. Por exemplo, os GAAP exigem que despesas que ocorrem uma única vez, ligadas à reestruturação de uma empresa, sejam incluídas nos resultados do fim do ano, mesmo que essa reestruturação tenha impacto no futuro da empresa; deduzir essa despesa de uma só vez a vincula ao ano em que ocorreu, embora não seja exatamente o período em que a despesa é relevante.

As demonstrações financeiras de algumas empresas podem divergir dos GAAP em situações assim, o que talvez afete

8 No Brasil, a IFRS é adotada por empresas que, por fazerem negócios externos, precisam manter contabilidade internacional. Para saber mais, checar: https://blog.fundace.org.br/ifrs/. [N.R.T]

profundamente como os investidores veem suas perspectivas futuras. Isso é especialmente verdadeiro em relação a investidores comuns (aqueles que não são institucionais nem profissionais) que compram muitas ações com base no lucro líquido. Embora seja permitido pela SEC, e legal, usar métodos não GAAP, essa prática contábil também pode ser utilizada para distorcer os lucros, mostrando-os de maneira mais favorável do que pareceriam sob os GAAP. Não há métodos contábeis definidos a serem seguidos na prática não GAAP, de modo que é mais fácil ajustar os números, além de apresentar pouca consistência. Ademais, é proibido à contabilidade não GAAP criar uma imagem falsa da empresa e seu uso deve ser relatado à SEC.

PAÍSES DIFERENTES, PRINCÍPIOS DIFERENTES

Historicamente, os países elaboraram as próprias versões de princípios contábeis conforme suas economias se desenvolveram, semelhantes aos GAAP dos Estados Unidos. As diferenças nesses sistemas variavam: desde algumas nuances a casos extremos. Por exemplo, a maneira como as aposentadorias eram contabilizadas de acordo com os GAAP dos EUA diferiam completamente de como o eram na Ásia ou na Europa. Por causa das disparidades, o investimento internacional era bastante confuso e os investidores que procuravam empresas em outros países tinham dificuldade para descobrir qual era a melhor escolha para suas carteiras.

Além disso, alguns países - especialmente aqueles com mercados ainda emergentes - não tinham qualquer princípio contábil estabelecido. Sem profissionais de contabilidade experientes no local, não havia quem definisse as normas e, portanto, eram aplicadas de modo fragmentado, com diversas diretrizes vindas de países em diferentes níveis de industrialização. Essa mixórdia de regras gerava ainda mais confusão e ceticismo nos investidores - essas demonstrações financeiras eram mesmo confiáveis?

Conforme aumentava o comércio e as finanças globais, também aumentava a necessidade de padrões internacionais de contabilidade. Essa necessidade levou à criação, em 2001, de um órgão independente, o International Accounting Standards Board (Comitê Internacional de Normas Contábeis), ou IASB, em Londres. O grupo é composto de quinze membros de nove países, incluindo os Estados Unidos. O IASB trabalha junto com sua contraparte nos EUA, o FASB, para estabelecer relatórios financeiros padronizados que cruzem fronteiras.

O IASB estabeleceu as International Financial Reporting Standards (IFRS - Normas Internacionais de Contabilidade), que estão rapidamente se tornando o padrão mundial para preparação de demonstrações financeiras para companhias de capital aberto. Ao contrário dos GAAP dos EUA - que focam em regras -, as IFRS são baseadas em princípios, o que dá aos contadores mais espaço de manobra ao decidir como abordar a apresentação das informações contábeis. Mais de cem países permitem ou exigem que empresas de capital aberto utilizem as IFRS, mas os Estados Unidos ainda não aceitaram completamente a conversão. Como consequência, essa atitude torna mais difícil para investidores externos analisarem os relatórios corporativos dos EUA e os compararem com os de empresas internacionais, a fim de escolherem suas aplicações.

MONITORANDO E MEDINDO O SUCESSO

As informações contábeis o levarão ao sucesso

Esteja você analisando o seu plano de aposentadoria, a poupança para a faculdade ou os lucros da empresa, é fundamental que saiba interpretar os números que vê. Por exemplo, o que é mais importante: receitas ou lucros? Os retornos anuais médios realmente indicam qual a situação da sua previdência privada? Embora as respostas a essas perguntas possam parecer simples e óbvias, elas não o são. Conhecer os meandros dos números que aparecem nos relatórios anuais e nas demonstrações financeiras pode ajudá-lo a atingir seus objetivos da melhor maneira.

COMO SER BEM-SUCEDIDO NOS NEGÓCIOS

Quando sonhou pela primeira vez em abrir seu negócio, talvez você tenha pensado em ter clientes felizes, no luxo de ser seu próprio patrão ou em construir uma boa fortuna para a família. É possível alcançar todos esses objetivos, desde que o negócio decole. Chegar a esse ponto, porém, significa fazer algo que embrulha o estômago de várias pessoas: trabalhar com muitos números.

Por trás de cada história de sucesso empresarial - desde um pequeno negócio familiar até a maior empresa na lista das 500 maiores da revista *Fortune* - estão números, relatórios e alguma matemática. Por trás de muitos fracassos nos negócios está a incapacidade de entender e trabalhar com esses números. Com um conhecimento prático do básico você pode evitar esse destino e ver seus sonhos se tornarem realidade.

A contabilidade fornece uma caixa de ferramentas abrangente que o ajudará a construir seu negócio a partir de uma base sólida.

Começar com um plano de negócios completo lhe dá uma clara direção, junto com um mapa de possíveis minas terrestres a serem evitadas e metas mensuráveis a serem alcançadas. Conforme a empresa toma forma, os dados contábeis ajudam a mantê-lo no curso certo. No início, caixa e vendas parecerão ser os números mais importantes para acompanhar, mas, se você se concentrar apenas neles, talvez deixe a empresa vulnerável ao fracasso. Sim, caixa e vendas são fundamentais, mas os custos, as despesas e obrigações também o são; se crescerem demais, podem estrangular o caixa da empresa e nem mesmo vendas robustas conseguirão reanimá-lo.

Acompanhar todos os números e ficar de olho em mudanças nas demonstrações financeiras é a melhor maneira de garantir o sucesso. A contabilidade possibilita a interpretação desses números no contexto do seu negócio e mostra como eles trabalham juntos para medir a saúde financeira da empresa. Permite que você acompanhe todos os números importantes, como caixa, vendas e despesas gerais. Ajuda a lhe dar um quadro real de como o negócio está indo, o que às vezes é bem diferente de como as coisas parecem na superfície. Se algo der errado, você saberá a tempo de mudar de curso. Você conseguirá identificar onde está gastando muito, se precisa ajustar os preços, quais produtos dão mais retorno financeiro e se a empresa realmente será capaz de lidar com a dívida atual. Todos esses fatores contribuem para um negócio lucrativo. E seus registros e relatórios contábeis contêm todas as peças de que você necessita para operar um negócio de sucesso.

SAIBA OS NÚMEROS E SEJA BEM-SUCEDIDO

Assim como acontece com uma empresa, alcançar o sucesso financeiro pessoal – seja lá o que isso signifique para você – exige que você saiba exatamente quanto dinheiro tem, quanto deve e de quanto precisa para cumprir suas metas. Esse conhecimento constitui a pedra angular de seu plano. Você provavelmente lida com muitos números em sua vida: pagar o aluguel, o empréstimo estudantil, verificar o saldo da previdência privada e assim por diante. Controlar as finanças pessoais, desde dívidas a poupanças e fundos de aposentadoria, pode significar a diferença entre liberdade financeira e falência pessoal. Partindo daí, você pode começar a implementar estratégias para liquidar as dívidas e construir sua fortuna.

Prioridades financeiras

De acordo com uma pesquisa da TransAmerica, as três principais prioridades dos estadunidenses são economizar para a aposentadoria, cobrir as despesas básicas e pagar dívidas de cartão de crédito.

Os números funcionam?

Então como você saberá se seus números são consistentes? Comece reunindo os documentos financeiros mais importantes: extratos bancários, declaração de imposto do ano anterior, holerite atual, extratos de cartão de crédito, contas mensais, extrato da conta de aposentadoria e investimentos realizados. De posse dessas informações, planeje melhor seu futuro financeiro.

Algumas atitudes importantes para obter o controle de suas finanças incluem:

- Elaborar um orçamento familiar, a fim de que você acompanhe para onde o seu dinheiro está realmente indo. Isso ajudará a garantir que não fique sem dinheiro antes do fim do mês.
- Saber o valor da sua dívida, para que possa assumir o pagamento dela antes que saia do controle. Você não quer ficar financeiramente prejudicado por dívidas de cartão de crédito ou pelos juros enormes provenientes disso.

- Criar uma poupança de emergência para cobrir pelo menos seis meses de despesas básicas. Você não pode prever quando uma lesão o afastará do trabalho ou se a empresa iniciará um programa de demissões, e ocorrências inesperadas como essas podem causar estragos em suas finanças se você não estiver preparado.
- Comece um fundo de aposentadoria hoje, pois o tempo realmente é dinheiro. Quanto mais cedo você começar a economizar, mais seu pecúlio crescerá - mesmo se você parar de depositar dinheiro mais tarde.
- Abrir poupanças específicas para financiar cada um de seus objetivos (carro, casa, férias e assim por diante). Separar e monitorar esses fundos ajuda a assegurar que você realmente cumpra cada meta.

Uma vez configurada a base de seu plano de gerenciamento financeiro, você pode passar algum tempo procurando maneiras de maximizar suas economias. Por exemplo, tome medidas para minimizar as despesas com impostos e manter uma parte maior do salário, ou comece a investir algum dinheiro extra para ter mais retorno do que teria com uma poupança normal. Nesse momento, seja abrindo seu negócio ou elaborando seu plano financeiro pessoal, convém recorrer a um contador para ajudá-lo a seguir o caminho certo.

COMO OS CONTADORES PODEM AJUDÁ-LO

Recorra a um profissional

Quer você precise de ajuda com suas finanças ou com as da sua empresa, um contador profissional é capaz de orientá-lo em cada etapa. Em relação a finanças pessoais, ele pode lhe indicar a melhor maneira de pagar seu empréstimo estudantil, de comprar sua casa própria e planejar seu patrimônio. Isso também vale se você estiver abrindo uma empresa: um contador pode orientá-lo em um plano de negócios, ajudá-lo a obter financiamento, auxiliá-lo no monitoramento e na medição da lucratividade da empresa e ser seu aliado enquanto você percorre o caminho que levará o seu empreendimento ao sucesso.

Os contadores também podem representá-lo se você for convocado à Receita Federal por motivos pessoais ou empresariais, assim como você seria representado por um advogado se precisasse ir a um tribunal. Embora possa enfrentar a Receita Federal por conta própria, é uma boa ideia ter um profissional experiente ao seu lado, alguém que conheça os meandros da lei tributária e saiba como aplicar as regras mais vantajosas ao seu caso específico.

MAIS DO QUE APENAS IMPOSTOS

Ter um planejamento tributário sólido o ajuda a diminuir o valor anual do pagamento do imposto de renda e a evitar possíveis armadilhas que poderiam resultar em multas e cobrança de juros. Seu contador está familiarizado com dezenas de deduções e lacunas das quais você nunca ouviu falar e pode auxiliá-lo a descobrir quais se aplicam à sua situação, economizando potencialmente centenas – até milhares – de reais em impostos. A maioria das pessoas só pensa em visitar o contador durante a temporada de impostos.

Para a direita ou para a esquerda?

Procurando uma maneira fácil de separar despesas empresariais das pessoais? O Ducky, da Swipefin, é um aplicativo desenvolvido para *freelances*, prestadores de serviços e empreendedores, que os ajuda a separar despesas de onde quer que estejam. Basta deslizar para a direita para transações da empresa e deslizar para a esquerda para itens pessoais. É como o Tinder para deduções fiscais!

É importante, porém, perceber que seu contador é um recurso financeiro valioso que é capaz de fazer muito mais do que apenas contabilizar impostos. Os melhores contadores podem ajudá-lo a conhecer a fundo sua situação financeira atual, resolver questões espinhosas, como excesso de dívidas e orçamentos fora de controle, e auxiliá-lo a atingir seus objetivos pessoais. Desde a compra da casa própria até o pagamento da faculdade e a aposentadoria confortável, é possível ter ao seu lado um contador que o oriente em cada etapa do caminho.

CUIDANDO DOS NEGÓCIOS

Se você não tem experiência em contabilidade ou finanças empresariais, é fácil se confundir com os números ou, às vezes, até ignorar por completo alguns deles, o que pode prejudicar seriamente o seu planejamento. Quando se está começando um negócio, contar com um profissional de contabilidade na equipe facilita a sua vida como empresário. Além disso, um contador o ajudará a descobrir em qual estrutura de negócios sua empresa se encaixa melhor.

Em relação à escrituração de livros, fazer certo desde o início é uma obrigação, mesmo se você usar o pacote básico de um software do tipo “faça você mesmo”. Tentar mudá-los mais tarde pode ser demorado e ainda mais confuso.

Quando sua empresa estiver em pleno funcionamento, você encontrará muito mais motivos para ter um contador. Seja para assumir o trabalho enfadonho das tarefas contábeis, elaborar melhores relatórios para monitorar o negócio ou analisar os números com você, um contador profissional pode cuidar disso. Ele também pode auxiliá-lo a levar sua empresa adiante, propondo planos mais eficazes em termos de custos para o próximo mês ou ano. Ter esse profissional por perto, orientando-o nas finanças, dá a você mais tempo para se concentrar em gerenciar a empresa.

Não misturar pessoal e negócios

Embora você se sinta confortável com o contador que lida com seus impostos pessoais, talvez ele não seja a pessoa mais indicada para lidar com os da empresa. Essas duas áreas são bem diferentes e, por isso, nem sempre um profissional bem versado na declaração de imposto de renda pessoal tem experiência quando se trata de empresas. Isso pode levar a uma cobrança de impostos desnecessariamente elevada sobre a receita do seu negócio. É muito importante certificar-se de que quem cuida dos impostos da empresa conheça os prós e contras da declaração comercial.

Impostos são parte intrínseca dos negócios, e o momento da apuração é mais frequente e complexo para empresas. Sejam impostos sobre vendas, folha de pagamento ou renda, contar com um profissional experiente para lidar com a papelada evita uma enorme dor de cabeça em sua vida. Você economizará não apenas tempo, mas também dinheiro. Erros fiscais podem sair muito caro para o seu bolso, em parte porque o atraso nos registros está sujeito à cobrança de taxas e multas. Além disso, o profissional que elabora o imposto de renda conhece bem as possibilidades de deduções, o que pode reduzir bastante o valor a ser pago pela sua empresa.

Qualquer que seja o estágio em que esteja seu negócio, contar com os serviços de um contador será de grande ajuda. Vamos analisar essa questão mais de perto.

"Eu quero abrir um negócio"

Centenas de novos negócios são abertos todos os dias no país e, a cada ano, dezenas de milhares deles fecham. Muitos desses fracassos teriam sido evitados facilmente se houvesse um melhor planejamento e gerenciamento financeiro, duas áreas em que um contador com experiência em pequenas empresas é de grande ajuda. Na verdade, se você contratar um contador durante o planejamento financeiro da sua empresa, ele lhe apontará armadilhas em potencial antes mesmo de surgirem e o auxiliará a descobrir como evitá-las ou mesmo como lidar com elas.

Se você começou a trabalhar em um plano de negócios (algo que toda empresa deveria ter), então sabe que são páginas e mais páginas repletas de números. Quando se trata do primeiro plano de negócios para sua primeira empresa, chegar a esses números é uma tarefa difícil. Primeiro, você precisa descobrir quanto efetivamente custará para fazer a empresa decolar e de onde virá esse dinheiro. Sem capital inicial suficiente, a empresa pode nem mesmo passar do estágio de planejamento. Em seguida, você precisa estimar quais serão as vendas e despesas (entre outras coisas) nos próximos anos. Contadores experientes nem piscarão quando você lhes pedir que façam esses cálculos; é uma parte fundamental do trabalho desses profissionais, que são capazes de muito mais. Estas são algumas das coisas que os contadores podem fazer por negócios que estão começando:

- Ajudar a escolher a melhor estrutura de negócios (como corporação ou sociedade de responsabilidade limitada – LTDA);
- Apresentar a empresa aos bancos;
- Configurar o sistema de contabilidade;

- Ensinar como usar o sistema de contabilidade;
- Mostrar diferentes maneiras de manter os custos iniciais baixos;
- Auxiliar na obtenção de todos os números de identificação fiscal necessários.

Mais importante ainda, o contador pode orientá-lo a como fazer o seu negócio decolar. Com o apoio da experiência desse profissional, você e sua empresa terão maior chance de sucesso – e, então, você poderá se preocupar com questões sobre como reduzir o pagamento de impostos, algo muito relevante a ser analisado.

Corporações e LTDAs

Tanto as corporações quanto as limitadas protegem legalmente os ativos pessoais dos passivos comerciais, mas suas configurações contábeis são diferentes. As corporações (que pagam os próprios impostos sobre os lucros da empresa) pertencem aos acionistas, que recebem dividendos tributáveis de suas participações nos lucros corporativos quando retiram dinheiro do negócio. As limitadas pertencem aos membros (semelhantes aos sócios) que pagam imposto sobre participação proporcional dos lucros totais e retiram dinheiro da empresa como distribuições não tributáveis.

Quando sua empresa está instalada e funcionando

Depois que sua empresa estiver no mercado por alguns meses, você terá uma ideia melhor de como fluem os negócios. Também saberá quais atividades gosta de executar sozinho, quais sente que precisa fazer sozinho e quais deseja delegar a outra pessoa. Muitas vezes, o que acaba caindo nesta última categoria são as tarefas mais rotineiras de contabilidade e papelada.

Escrituração

Após aprender como realizar as tarefas contábeis e como devem ser os resultados desse trabalho, talvez você esteja pronto para deixar de executá-las sozinho. Se for esse o caso, então é hora de considerar a possibilidade de contratar um contador, seja incluindo-o em sua folha de pagamento regular ou apenas contratando o seu serviço uma vez por mês. Esse profissional poderia lidar com os lançamentos de todas as informações contábeis, liberando seu tempo para outros projetos. Você ainda ficaria com a responsabilidade de revisar e entender os números finais, mas estaria dispensado do processo demorado de lançá-los.

Folha de pagamento

A folha de pagamento – embora o uso de softwares a torne muito mais fácil – é outra tarefa monótona, mas fundamental, que muitos donos de pequenas empresas terceirizam. Contadores e firmas de contabilidade costumam oferecer esse serviço, e há também inúmeros prestadores de serviços de elaboração de folha de pagamento no mercado. A maioria das empresas que oferece tal serviço realiza todo o trâmite: desde preparar os contracheques para depósito direto (ou emitir os contracheques reais para os funcionários que preferirem) a preencher todas as declarações de impostos necessárias. Tudo o que você precisa fazer é assinar nos locais indicados, pagar pelo serviço e depois registrar as informações em seus livros (ou pedir ao contador que faça isso).

Impostos

Por falar em impostos, ter uma empresa abre as portas para muitas declarações fiscais diferentes. Além dos impostos sobre a folha de pagamento, há os sobre vendas e o imposto de renda (tanto para a empresa quanto para você). Cada tipo de empresa (como os postos de gasolina, por exemplo) pode estar sujeito a impostos especiais e fiscalizações extras. Os profissionais de contabilidade vão ajudá-lo a descobrir quais declarações seu negócio precisa apresentar, prepará-las para você e orientá-lo no preenchimento delas, e assim não correr o risco de perder prazos.

Olhando para o futuro

Ao decidir dar o grande salto de abrir seu próprio negócio, você provavelmente não está planejando fechá-lo em um mês ou dois. Ninguém faz um plano de negócios esperando fracassar. Sem planejamento, porém, é muito mais difícil alcançar o sucesso. Esse planejamento se aplica não apenas para abrir o negócio, mas também para mantê-lo funcionando e crescendo.

É nesse contexto que um contador experiente faz a diferença. Ele pode ajudá-lo a ter ainda mais sucesso do que o já alcançado; a recuperar uma empresa que esteja com dificuldade agora, mas que tem grande potencial para ser bem-sucedida; e a descobrir as melhores maneiras de impulsionar o crescimento do seu negócio e o que você precisa implantar antes do início dessa expansão. Isso incluiria conseguir um financiamento adequado, o que é fundamental para o sucesso. Seu contador pode auxiliá-lo a descobrir de quanto capital você realmente precisa para fazer as coisas andarem, assim como a melhor fonte de recursos.

Capítulo 2:

Quem é quem na contabilidade

Há bastante gente no mundo da contabilidade, mas os estereotipados trituradores de números não existem mais. "Nerds" matemáticos debruçados sobre calculadoras cuspindo fitas de um metro de comprimento cheias de números são coisa do passado. Hoje, os computadores fazem todo esse processamento numérico, deixando os contadores livres para serem criativos. Você encontrará profissionais de contabilidade analisando dados, criando previsões financeiras, farejando fraudes e até mesmo determinando os vencedores do Oscar.

Há várias e amplas áreas na contabilidade, como a gerencial, ou as mais especializadas, como a contabilidade forense e auditoria interna. Cada um desses diferentes tipos se encaixa em algum lugar nas três categorias principais: público, privado e governo. Além do mais, existem diferentes níveis de contabilidade; mas, independentemente disso, o trabalho de todos os contadores se concentra principalmente em números.

Neste capítulo, você aprenderá tudo o que precisa saber sobre os diferentes tipos de profissionais de contabilidade: o que fazem, como fazem e como decidir qual tipo de profissional é o indicado para você.

CPAS SÃO CONTADORES REGULAMENTADOS

Licenciados para cobrar

Com o surgimento de empresas de capital aberto, transações econômicas mais intrincadas e leis tributárias complicadas, os contadores passaram a ter grande demanda. Devido a muitas pessoas dependerem financeiramente de empresas de capital aberto – para seu sustento e contas de aposentadoria –, há muito trabalho para os contadores públicos fazerem.

Os contadores credenciados, que nos EUA são chamados de *certified public accountants*, fornecem o mais alto padrão de serviços ao público, em parte devido à sua formação, experiência e a requisitos comprovados. Em qualquer país, os contadores dependem de alcançar os requisitos para obter e manter a certificação estadual, incluindo educação continuada abrangente que garante que estarão sempre atualizados com as informações e questões mais recentes.

CPAs em números

De acordo com a National Association of State Boards of Accountancy (NASBA – Associação Nacional dos Comitês Estaduais de Contabilidade), existem 664.532 CPAs ativamente licenciados nos Estados Unidos. O número não inclui os licenciados em estados que não fornecem dados para a NASBA (Delaware, Havaí, Wisconsin e Utah).

A jornada para se tornar um CPA começa na faculdade. No mínimo, os candidatos a CPA devem concluir pelo menos 150 horas de aula, incluindo o diploma de bacharel. Embora alguns estados estadunidenses permitam que os candidatos façam o exame antes de atingirem as 150 horas de crédito, eles não podem obter a licença até que o requisito mínimo de aulas seja atendido.

Os candidatos não precisam obter o grau de mestre, mas muitos o fazem enquanto cumprem as horas obrigatórias.

Além disso, muitos estados especificam quais créditos devem ser obtidos. Por exemplo, o Kansas exige 30 horas semestrais em contabilidade, juntamente com 42 horas semestrais em cursos de negócios e educação geral. Maryland requer pelo menos 27 horas semestrais de contabilidade, um mínimo de 21 horas de assuntos correlatos e pelo menos três horas de educação ética. Os requisitos no Texas são ainda mais rigorosos e incluem:

- Pelo menos 30 horas de cursos de contabilidade de nível superior, que devem incluir no mínimo 15 horas de aulas presenciais tradicionais;
- Duas horas de pesquisa contábil ou tributária;
- Pelo menos 24 horas de cursos correlatos de negócios de nível superior, incluindo três horas de comunicação empresarial;
- Três horas de cursos de ética aprovados pelo conselho.

Perceba o quanto o curso é exigente, mas é moleza se comparado a passar no temido e difícil exame de CPA. Mesmo depois de atender a todos os requisitos da formação, e tendo sido aprovado no exame (seguido de intensa comemoração), ainda não é o suficiente para obter uma licença CPA. Cada estado possui requisitos mínimos de experiência, o que significa que os candidatos realmente precisam trabalhar com contabilidade (geralmente, por pelo menos dois anos) antes de obter a certificação.

O EXAME CPA[9]

Qualquer CPA lhe dirá que o exame CPA é exaustivo, cansativo e que causa ansiedade. O American Institute of Certified Public

9 O CFC promove semestralmente o exame de suficiência para avaliar se os candidatos à profissão de contador estão aptos a exercer o trabalho. Só é possível ter o registro após a aprovação no exame. Como o conteúdo avaliativo é abrangente, universidades e empresas especializadas em contabilidade

Accountants (AICPA – Instituto Americano de Contadores Públicos Certificados), que será discutido em detalhes na próxima seção, cria esse teste computadorizado de várias partes, com duração de dias, a fim de garantir que apenas os candidatos mais qualificados recebam a cobiçada licença de CPA.

Com o passar dos anos, a prova mudou bastante: por exemplo, entre 1917 (ano do primeiro teste) e 2003, o exame foi na base de papel e caneta, agora é totalmente computadorizado. E as mudanças não param de acontecer. Em 2017, a prova foi ampliada de um teste de 14 horas para um de 16 e incluiu mais "simulações baseadas em tarefas", embora ainda abranja quatro seções principais. Essas quatro seções são:

1. **Auditoria e Comprovação**, que cobre tópicos como ética, responsabilidade profissional, avaliação de risco e relatórios sobre a confiabilidade das demonstrações financeiras;
2. **Contabilidade e Relatórios Financeiros**, que inclui relatórios financeiros, contas de demonstrativos financeiros e transações específicas;
3. **Regulamentação**, com perguntas sobre procedimentos fiscais federais, direito comercial e tributação federal de pessoas físicas e jurídicas;
4. **Ambiente e Conceitos de Negócios**, que aborda governança corporativa, conceitos econômicos, gestão financeira e sistemas de informação.

Uma das maiores mudanças na versão de 2017 do exame envolveu "habilidades de ordem superior", como análise e avaliação de informações, juntamente com mais "simulações baseadas em tarefas". Essas simulações foram criadas para garantir que os CPAs

oferecem treinamento para os bacharéis em Ciências Contábeis interessados em obter o registro. O Conselho não tem relação com o AICPA, mas oferece orientações aos contadores brasileiros que desejem atualização nas normas contábeis internacionais para operarem com negócios em multinacionais, dentro e fora dos Estados Unidos. Para saber mais, acesse: https://cfc.org.br/desenvolvimento-profissional-e-institucional/exames/aicpa/ [N.R.T] recém-licenciados soubessem executar as tarefas mais prováveis de serem atribuídas a eles quando entrassem no mercado.

Para passar no exame CPA, os candidatos devem ser aprovados nas quatro partes com 75 pontos ou mais, dentro de 18 meses (essa janela pode variar um pouco de acordo com as leis de cada estado) da primeira seção em que foram aprovados. Parece simples, mas não é. Não basta apenas acertar 75% da prova; na verdade, uma série de fatores ponderados determina os pontos de cada parte. Normalmente, as pontuações são divulgadas duas a três semanas após a realização do exame. Os candidatos a CPA podem refazer quaisquer partes em que não passaram tantas vezes quanto forem necessárias.

FORMAÇÃO PROFISSIONAL CONTINUADA ANUAL

Uma das principais maneiras pelas quais os CPAs se mantêm atualizados em relação às leis tributárias, regulamentações de observância das normas (compliance) e inovações técnicas em constante evolução é por meio da formação profissional continuada. Embora os requisitos específicos sejam regidos por lei estadual, todos os CPAs devem concluir pelo menos alguns trabalhos do curso a cada ano, abordando tópicos relevantes para suas práticas.

Essa formação profissional continuada, ou Continuing Professional Education (CPE – Educação Profissional Continuada), abrange uma ampla variedade de questões, desde ética profissional até planejamento patrimonial e habilidades de auditoria. Alguns estados permitem a formação centrada em determinada área disciplinar, outros exigem uma variedade de tópicos; e praticamente todos os estados exigem que os CPAs façam um curso de ética em cada período de licenciamento. O Alasca, por exemplo, exige 80 horas de CPE a cada dois anos, incluindo quatro horas de treinamento sobre ética, com pelo menos 20 horas concluídas a cada ano. Os CPAs de Illinois devem completar 120 horas de CPE a cada três anos, incluindo quatro horas de treinamento sobre ética, com no máximo 24 horas de CPE de "desenvolvimento pessoal" (que abrange tópicos como falar em público e gestão de pessoas). A Georgia exige 80 horas de CPE a cada dois anos, incluindo pelo menos 20 horas por ano; essas 80 horas devem incluir 16 créditos em curso de contabilidade e auditoria.

Os créditos de CPE possuem formas diferentes. Seminários presenciais podem durar horas ou dias, e ser realizados em locais exóticos (até mesmo em cruzeiros marítimos). Há reuniões de CPA com debates animados e discussões sobre tópicos que afetam a profissão, o mundo dos negócios e a economia. Os webinars em tempo real oferecem quase a mesma interação que o CPE presencial, pois é permitido aos participantes fazerem perguntas e se envolverem na discussão. Também ajudam a economizar tempo e custos de viagem para os CPAs ocupados que tentam encontrar uma brecha na agenda para a CPE. Os CPAs também podem estudar por conta própria, e esse tipo de formação ocorre principalmente on-line. Embora algumas empresas de CPE de ensino a distância ainda ofereçam apostilas e testes para preencher os espaços em branco, muitas outras publicam suas lições, materiais e testes na internet.

Toda vez que um CPA renova sua licença, precisa atestar que suas horas de CPE exigidas foram concluídas. Como a ética é uma grande parte da profissão, os relatórios de CPE costumam seguir o sistema de confiar na honestidade dos profissionais. Nesse espírito de "confiar, mas verificar", porém, muitos estados auditam os créditos CPE de CPAs escolhidos aleatoriamente e exigem que eles forneçam prova de sua formação continuada.

O AICPA

Protegendo o interesse público

O American Institute of Certified Public Accountants (AICPA - Instituto Americano de Contadores Públicos Certificados), há mais de cem anos, estabelece as normas de treinamento profissional, conduta e ética para a profissão de CPA. Com quase 420 mil membros de 143 países ao redor do mundo, a associação sediada nos EUA tornou-se uma força global no setor de contabilidade.

Quando foi criada por um pequeno grupo de cavalheiros em Nova York em 1887, a organização era chamada de American Association of Public Accountants (AAPA - Associação Americana de Contadores Públicos). Com o passar dos anos, o nome mudou, juntamente com as regras de associação. Hoje, o AICPA abarca CPAs e profissionais de contabilidade não certificados, representando os membros em todas as áreas de atuação, desde a prática pública até a consultoria privada.

Além de diretrizes profissionais rígidas, o AICPA define normas de auditoria para uma variedade de entidades dos EUA, incluindo:

- Companhias privadas;
- Todos os níveis de governo;
- Organizações sem fins lucrativos.

Isso garante que as auditorias sigam regras específicas e atendam a padrões de qualidade bastante elevados. Essas normas incluem orientações a respeito de: responsabilidades e independência do auditor, e a forma e o conteúdo que deve ter um relatório do auditor sobre demonstrações financeiras. Além de definir esses padrões, a organização se coordena com o FASB, oferecendo apoio e orientação para definir e interpretar regras da área contábil. Também atua como defensora da profissão perante órgãos legislativos (como o Congresso) e outras entidades comerciais. Uma das funções mais importantes do AICPA, porém, é monitorar e fazer cumprir as normas com ética e profissionalismo.

Precisa de um contador?

Um serviço público que o AICPA fornece é ajudar pessoas e empresas a encontrar o tipo certo de profissional de contabilidade. Se você precisa de um especialista financeiro pessoal licenciado (PFS), um CPA com credenciais de avaliação de negócios ou um dos outros profissionais experientes credenciados pelo AICPA, o site da organização (www.aicpa.org) pode ajudá-lo nessa busca.[10]

UM PADRÃO MUITO ALTO

O AICPA estabelece padrões muito elevados para seus membros (e, na verdade, para todos os profissionais da – ou relacionados à – área contábil), sobretudo quando se trata de ética. O código de conduta do instituto em relação a ética e responsabilidades profissionais é bastante rígido.

Independência

A independência é um dos princípios básicos de orientação para CPAs na prática pública. Nesse contexto, independência significa que o CPA não possui qualquer ligação financeira, pessoal, profissional ou de outra natureza com a empresa para a qual presta serviços de auditoria, incluindo revisões, que oferecem garantia limitada de que não há distorções relevantes nas demonstrações financeiras – menos confiável do que auditorias. Esse afastamento é fundamental para a credibilidade do CPA. Por exemplo, um CPA deve assegurar ao público investidor que as demonstrações financeiras de uma

10 O Conselho Federal de Contabilidade ajuda você nessa tarefa disponibilizando o contato de contatores credenciados. Para saber mais, acesse: www.cfc.org.br. [N.R.T]

corporação apresentam de modo claro a real situação financeira da empresa. A independência é vital, pois os investidores devem poder confiar na opinião do profissional de contabilidade. Os CPAs que violam essa regra perdem o vínculo com o AICPA, e as sanções podem incluir a revogação do status de CPA.

Integridade e o dever de cuidado

Além disso, espera-se que os CPAs sempre atuem com integridade, honestidade e objetividade. Eles carregam a responsabilidade de agir sempre visando ao interesse público, passando plena confiança para as pessoas. Ao mesmo tempo, os CPAs têm o dever de cuidado (*duty of care*), o que exige alto nível de competência e diligência.

Para cumprir esse dever de cuidado, os CPAs adotam padrões de formação muito rígidos, a fim de assegurar que tenham total ciência de seus atos. Para tanto, o AICPA cria e aplica o extenuante Exame Uniforme para CPA, no qual o profissional deve ser aprovado a fim de receber sua licença oficial de CPA. Conforme mencionado anteriormente, uma vez licenciados, o aprendizado continua, pois é exigido que os CPAs completem um mínimo de horas de formação profissional continuada para manter a licença.

CREDENCIAIS COMPLEMENTARES EXIGEM MAIS TREINAMENTO

Para os CPAs que desejam se aprofundar em uma área específica, o AICPA oferece credenciais especializadas para uma variedade de nichos profissionais, incluindo:

- Planejamento financeiro pessoal;
- Avaliação de negócios;
- Contabilidade forense;
- Informação e tecnologia;
- Contabilidade gerencial.

Uma das credenciais mais populares é a de *personal financial specialist* (especialista financeiro pessoal), ou PFS. Profissionais com essa credencial oferecem serviços nas áreas tributária, previdenciária, de gestão de risco, investimento e planejamento patrimonial. Para obter a PFS, esses CPAs (que devem ser membros do AICPA em situação regular) devem ter extensa formação e experiência mínima de cinco anos para passar em um exame abrangente, que testa todos os seus conhecimentos em planejamento financeiro. Isso e mais 3 mil horas de experiência nos cinco anos anteriores farão com que um ambicioso CPA se qualifique para uma certificação PFS.

Outras designações carregam requisitos semelhantes. Por exemplo, o título de *certified information technology professional* (profissional certificado em tecnologia da informação), ou CITP, que requer a competência de construir uma ponte entre tecnologia e negócios, também exige do profissional ser aprovado em um exame exaustivo e comprovar profundo conhecimento da área. CPAs buscando a cobiçada credencial CFF (Certified in Financial Forensics - Certificado em Perícia Financeira) devem comprovar conhecimento e experiência em áreas como prevenção e detecção de fraude, apoio a litígios, falência e insolvência e análise eletrônica de dados.

Conclusão: ao contratar um desses profissionais credenciados, pode ter certeza de que ele tem a competência, o conhecimento e a experiência exigidos para executar o trabalho da maneira certa.

ELEVANDO SEU QI FINANCEIRO

Grande parte da missão do AICPA envolve o público em geral: ajudar as pessoas a compreender e gerenciar melhor suas finanças. Para tanto, a associação participa de uma série de atividades voltadas à comunidade e oferece ferramentas e programas para quem desejar aprender mais sobre dinheiro, orçamento, planejamento financeiro e impostos.

Alimente o Porquinho

O grupo também promove o Alimente o Porquinho (www.feedthepig.org). Esse programa incentiva jovens adultos no mercado de trabalho a economizar dinheiro, pagar dívidas e aumentar o patrimônio. Oferecendo dicas gratuitas, calculadoras financeiras e modelos de planejamento financeiro on-line, o programa indica ações específicas que as pessoas podem realizar para alcançar seus objetivos financeiros.

360 Graus de Alfabetização Financeira

Outro serviço público gratuito do AICPA é o projeto 360 Graus de Alfabetização Financeira (www.360financialliteracy.org), um programa on-line que cobre todas as etapas de sua vida: desde inspirar crianças a adquirir bons hábitos financeiros até seguir com conselhos para jovens, adultos, idosos. O site dá dicas para estudantes, proprietários de pequenas empresas, pais, famílias de militares e muito mais, afinal, cada situação financeira é diferente. Boa parte do compromisso do AICPA é o Financial Literacy Resource Center (Centro de Recursos de Alfabetização Financeira), que conecta CPAs a oportunidades de voluntariado e lhes fornece recursos a fim de que possam ajudar suas comunidades, seja ensinando noções básicas de dinheiro a crianças do ensino fundamental ou organizando reuniões comunitárias sobre planejamento da aposentadoria.

Informações Fiscais Completas

A calculadora Total Tax Insights (Informações Fiscais Completas) do AICPA, outra ferramenta gratuita, foi criada para ajudar os estadunidenses a ter um quadro claro de todos os impostos que pagam, incluindo imposto de renda e sobre propriedade. O recurso disponibiliza uma comparação entre municípios, e os usuários podem comparar seus impostos com os de outros lugares no país. A calculadora, que está no site www.totaltaxinsights.org, também pode ser usada para auxiliar a tomar decisões levando em consideração os impostos e a calcular estimativas de obrigações fiscais.

ESCRITURAÇÃO *VERSUS* CONTABILIDADE

Um confronto financeiro

Escrituração está para contabilidade assim como receita está para ingredientes. Os ingredientes são as matérias-primas de que você precisa para preparar uma refeição; e a escrituração fornece as matérias-primas necessárias para você elaborar relatórios financeiros. Uma receita lista vários ingredientes e descreve como transformá-los em uma refeição saborosa; a contabilidade ajuda a criar relatórios para que você possa analisá-los e ter sucesso em seu plano financeiro pessoal ou de negócios.

A contabilidade precisa de escrituração

Não existe contabilidade sem escrituração; a escrituração é uma parte fundamental de todo o processo. Você pode, porém, ter escrituração sem contabilidade. Da mesma maneira que é possível comer cenoura e aipo sem fazer uma sopa, você também pode fazer a escrituração sem realizar qualquer tarefa contábil.

Na teoria, há uma grande diferença entre guarda-livros e contadores, mas, na prática, os limites muitas vezes não são claros. Por definição, um guarda-livros compila e registra informações. Um contador, com essas informações em mãos, vai além, ao analisá-las e apresentá-las em um formato mais funcional (como relatórios especializados), explicando o que aqueles números significam e recomendando ações futuras.

OS MEANDROS DA ESCRITURAÇÃO

Escrituração é apenas manter os livros em dia; o que inclui tudo referente a registro de lançamentos. Um exemplo simples seria preencher um cheque, registrá-lo no livro, indicar quando foi sacado e verificar se a quantia do saque foi correta. Na verdade, sempre que há dinheiro envolvido – mesmo que ainda não tenha trocado de mãos – há algo a ser registrado. Às vezes, isso acontece mesmo quando não há nenhum dinheiro envolvido, como quando duas empresas trocam serviços em vez de pagar uma à outra.

A escrituração costumava ser a parte mais trabalhosa e demorada da contabilidade. Então, vieram os computadores e assumiram essas tarefas repetitivas. Mesmo assim, a escrituração ainda é uma das partes mais importantes da contabilidade, pois sem ela seria impossível controlar as finanças de seu negócio, muito menos avaliar o desempenho da empresa. Muitos proprietários de empresas pequenas ou recém-abertas deixam a escrituração de lado (no início, ao menos), porque mesmo a automatizada toma um tempo precioso. Outros não a mantêm em dia porque simplesmente não gostam de trabalhar com números. Então, no fim do ano, eles enviam seus arquivos (ou, acredite ou não, carregam pilhas de relatórios e recibos em papel) para o contador e aguardam a resposta sobre a situação de seus negócios. Muitas vezes, ela é "não está bem". E aí pode ser tarde demais para o empresário fazer qualquer coisa para sanar o problema.

Manter os livros em dia, com tudo registrado, evita essa cena assim como economiza muito do seu dinheiro no fim do ano. Sim, a escrituração toma tempo e você provavelmente não tem muito de sobra, mas é possível contornar isso usando softwares ou aplicativos de escrituração de fácil navegação ou contratando um guarda-livros de meio período. No início, porém, quando sua empresa está começando, é bom fazer essa escrituração por conta própria. Esse trabalho lhe permite ter uma boa noção de como as finanças do seu negócio funcionam e compreender melhor como tudo se encaixa financeiramente.

Para quem não é empresário, a escrituração envolve tarefas como registrar depósitos, pagar contas, acompanhar rendimento de investimentos e controlar o caixa. Assim como com a escrituração, a maioria dessas tarefas pode ser feita automaticamente por meio de bancos on-line e aplicativos de orçamento. Ainda é preciso, porém, uma pessoa para verificar se tudo foi feito corretamente.

Nem todos são contadores

Muitas pessoas trabalham sob o guarda-chuva da contabilidade, mas nem todos são contadores – ao contrário do que muitos pensam. Na área contábil, estão profissionais como auxiliares de contabilidade, preparadores de impostos, auditores e até planejadores financeiros. Embora todos esses profissionais utilizem informações contábeis para executar suas tarefas, eles não precisam ser contadores. E muitas pessoas que trabalham em departamentos de contabilidade não são tecnicamente contadores, como os assistentes de contas a receber, administradores de folha de pagamento e analistas de estoque. Profissionais nessas funções trabalham com informações contábeis, mas não precisam ser contadores.

Começando pelas etapas menores e mais simples da escrituração, você será capaz de fazer, no futuro, ótimas análises e previsões financeiras. É como iniciar em uma empresa como office boy e ir subindo até a presidência: conforme vai escalando, você aprende os detalhes de todas as áreas, tendo mais capacidade de entender as várias facetas da empresa.

A CONTABILIDADE UNE TUDO

Agora que você sabe o que é escrituração, é hora de voltar nossa atenção para a contabilidade. A contabilidade abrange muitas áreas e inclui desde a estrutura, que dá suporte a todas as tarefas de escrituração, até a análise final, com a interpretação dos números e a decisão sobre o que fazer com eles. A ciência contábil define as regras sobre quais eventos devem ser registrados, determina como e quando essas informações serão registradas e, principalmente, comunica tudo isso de maneira funcional para quem precisa conhecê-las.

Essa comunicação é, ao mesmo tempo, simples e complexa. Inclui relatórios padronizados, chamados de demonstrações financeiras, e que podem ser lidos por qualquer pessoa, desde empresários a gerentes de bancos. A contabilidade também fornece ferramentas para analisar esses números – não apenas como são obtidos, mas o que significam e como podem ser usados para tomada de decisões.

Portanto, se você deseja que a sua empresa, suas economias para aposentadoria ou seus bens cresçam, as informações contábeis iluminam o caminho que o conduz para esses objetivos. Sem elas, você não poderia mapear o progresso, recuperar-se de perdas nem medir seu sucesso. A contabilidade fornece o contexto para cada número de sua vida financeira.

CONTADORES DA ÁREA DE ENTRETENIMENTO

Um resumo dos negócios do mundo artístico

Para você, a contabilidade não pode ser glamorosa? Reconsidere sua opinião! Os contadores do ramo de entretenimento trabalham no coração do show business, bem ao lado de estrelas de Hollywood, produtores da Broadway, executivos da televisão e magnatas do cinema. Junto com o glamour e o brilho, esses profissionais financeiros obtêm vantagens exclusivas: viagens para locações de tirar o fôlego, ingressos para as estreias mais badaladas e bolsas de grife como cortesias das produtoras.

Trabalhar na indústria do entretenimento requer habilidades específicas, pois as tarefas contábeis nessa área não fazem muito sentido em outros tipos de negócios. Por exemplo, em alguns casos, é necessário que o contador conheça detalhes sobre contabilidade de produção, independentemente de estar trabalhando para um produtor de cinema, uma rede de televisão ou uma série da internet. Há contadores da área de entretenimento que lidam com contratos, o que exige familiaridade com assuntos como: participação nos lucros, negociação com diversos canais de difusão (*syndication*) e regras de royalties. Outros trabalham diretamente com as estrelas, supervisionando suas finanças pessoais, desde negociações de contratos a planejamento patrimonial e gerenciamento de fluxo de caixa. E alguns – muito especiais – trabalham no maior evento showbiz do mundo: o Oscar.

E O OSCAR VAI PARA...

Todos os anos no Oscar, em meio a dezenas das maiores estrelas de Hollywood, duas pessoas muito bem vestidas, separadamente, chegam à cerimônia em carros diferentes, conduzidos por chofer, e seguem pelo tapete vermelho que abre o caminho para o evento de premiação. Embora essas duas pessoas se misturem aos famosos que as cercam, são as únicas carregando as maletas ultrassecretas com os envelopes com os nomes dos vencedores do ano.

Um dos empregos dos sonhos, e mais empolgantes no mundo da contabilidade, é destinado a alguns CPAs que somam os votos para o Oscar, um processo que começa em meados de janeiro. É mais difícil do que parece, pois a rodada que determina os indicados da premiação se baseia em uma matemática bastante complicada – e secreta. Depois da nomeação dos indicados, os contadores ganham uma folga, mas não dura muito tempo. Quando os votos para os vencedores começam a chegar, é hora da próxima etapa: contar as cédulas para determinar quem venceu nas categorias. A contagem (e a recontagem) física dos milhares de votos é realizada em um curto período de tempo e em um local secreto. Cada um dos contadores assistentes apenas tem acesso a uma pequena parcela dos votos, para que ninguém saiba quem são os vencedores, exceto os dois CPAs designados portadores dos envelopes com os nomes.

Esses dois devem memorizar cada um dos vencedores, pois, visando evitar falhas de segurança, os resultados não são escritos à mão nem digitados em computador. Os dois CPAs testarão continuamente um ao outro para garantir que ambos se lembrem de todos os nomes com precisão. Horas antes da cerimônia, eles examinam os cartões pré-impressos das categorias, selecionam apenas os vencedores e colocam nos envelopes cerimoniais. Cada contador leva um conjunto completo de vencedores na maleta e segue separadamente para a cerimônia. Chegando lá, eles vão para os bastidores e se preparam para entregar os envelopes às estrelas que apresentarão os prêmios.

No entanto, o Oscar não é o único lugar no qual você encontra contadores da área de entretenimento...

CONTADOR PARA AS CELEBRIDADES

Na folha de pagamento de muitas pessoas do showbiz, além de encontrar personal trainers, assistentes e chefs, você também achará contadores. De atores a roteiristas e músicos, todos esses artistas têm necessidades contábeis especiais, exclusivas de seu setor.

Como muitas celebridades conseguem seu primeiro emprego relativamente jovens, não costumam ter nenhuma experiência em administrar dinheiro, pagar contas ou planejar o futuro. Desse modo, precisam de consultores financeiros especializados e confiáveis em suas equipes e, muitas vezes, dependem de contadores para esses serviços. Esses profissionais lidam com todas as áreas que afetam as finanças, como cálculos de câmbio de moeda internacional, administração de fluxo de caixa e complexas negociações de contratos. Tais contratos podem incluir itens como pagamento de royalties e residuais, em alguns casos a serem pagos ao longo de muitos anos, portanto exigem acompanhamento constante. Para músicos e autores que fazem turnês, o contador prepara o orçamento e administra as despesas da viagem. Essas tarefas específicas se unem a padrões do contador, como a preparação da declaração do imposto de renda e o planejamento da aposentadoria.

O que são residuais?

Residuais, na indústria do entretenimento, são pagamentos feitos aos artistas por exibições de seus trabalhos após a estreia original. São mais comuns no contexto de reprises de TV, em que um ator pode ser pago por um determinado número de anos (ou para sempre) cada vez que seu programa for exibido.

UM POUQUINHO SOBRE CONTADORES DE PRODUÇÃO

Como o próprio nome sugere, os contadores de produção são responsáveis por aspectos financeiros de todos os tipos de produções criativas:

- Filmes;
- Peças;
- Seriados;
- *Reality shows*;
- E muito mais.

Como essas produções exigem muito planejamento no início e muito trabalho de finalização, os contadores de produção são, na maioria das vezes, os primeiros a trabalhar no projeto e os últimos a deixá-lo. Juntamente com os requisitos técnicos, esses profissionais precisam saber lidar com produtores exigentes e egos rivais em situações de muito estresse. Também devem estar familiarizados com as regras do ramo, relatórios sindicais, números de participação nos lucros e seguro do set.

Um contador de produção, ao assumir um trabalho, começa pela obtenção de financiamento e definição do orçamento para o projeto, com a contribuição dos produtores ou do estúdio. Essa tarefa orçamentária entediante ganha um toque de glamour quando você adiciona entretenimento ao quadro. Quantas grandes estrelas a produção pode pagar? Quantos membros da equipe de produção precisarão viajar à Tailândia para as locações? Os contadores de produção também podem se envolver na programação, em especial se o projeto exigir que muitas pessoas viajem para vários locais sem estourar o orçamento.

Uma vez definido o orçamento inicial, entra em cena o acompanhamento financeiro tradicional. Assim como acontece em outros negócios, esse tipo de produção tem despesas padrão, como folha de pagamento, contas de serviços públicos e material de escritório, que se misturam a itens mais incomuns, como trajes de época, perucas e apliques, carros de luxo, explosivos e adereços de cenografia, entre outros. O contador de produção também é responsável por monitorar os ativos e passivos do projeto e garantir que as compras não ultrapassem o orçamento.

Depois que a produção é finalizada e os atores e a equipe partem para novos projetos, o contador de produção começa o trabalho de pós-produção. Isso inclui tarefas como: estabelecer pagamentos residuais para os atores e percorrer as complexas leis tributárias do ramo de entretenimento.

Há muito dinheiro no cinema

O salário médio dos contadores de produção gira em torno de 45 mil dólares por ano. Um contador de produção experiente pode ganhar mais de 2 mil dólares por semana se tiver a sorte de conseguir um emprego em um blockbuster de Hollywood.

CONTADORES FORENSES

Esconda algo, e eles aparecerão

Fraude financeira é mais comum do que você imagina. Armados com mentes analíticas, conhecimentos financeiros e olhos atentos para detalhes duvidosos, os contadores forenses surgem em cena para descobrir o golpe e derrubar os responsáveis. Fraudes corporativas, esquemas de apropriação indébita e roubo de identidade ocorrem com alarmante frequência, e são necessárias habilidades especializadas para identificar os delitos e rastrear os criminosos.

Além da aptidão para descobrir fraudes financeiras, os contadores forenses ajudam na aplicação da lei de várias outras maneiras. Por exemplo, muitas vezes testemunham como especialistas em ações judiciais coletivas e outros julgamentos de caráter financeiro. Colaboram na resolução de disputas contratuais e reclamações de seguro. Também trabalham duro para evitar que crimes financeiros ocorram, auxiliando corporações e instituições públicas a reforçar a segurança de suas redes e seus sistemas, e implementando procedimentos de detecção de golpes financeiros. Mesmo com todas essas proteções implantadas, esses crimes ocorrem diariamente, o que mantém os contadores forenses sempre ocupados.

Licença para investigar

O AICPA oferece uma certificação para CPAs qualificados em detecção de fraude. Com formação especial, treinamento e experiência, contadores corajosos podem se qualificar para ser CFFs (*certified in financial forensics* – certificado em perícia financeira) e depois trabalhar para derrubar golpistas, hackers e contraventores.

A FRAUDE DE UM BILHÃO DE DÓLARES

Todos os anos, trilhões de dólares em negócios são jogados no lixo devido a fraudes. É por esse motivo que a demanda por contadores forenses está em alta. Esses profissionais são os responsáveis por identificar o rastro do dinheiro e, com suas habilidades apuradas, segui-lo. Rastrear o dinheiro e encontrar esses criminosos de alto escalão exige muita determinação, intuição e um talento especial para notar os menores detalhes. Entre os crimes que esses detetives financeiros resolvem estão:

- Reclamações fraudulentas de seguros;
- Peculato;
- Golpes telefônicos;
- Falência fraudulenta;
- Desvio de ativos;
- Fraudes nas demonstrações financeiras.

Embora as grandes fraudes – como o escândalo da Enron ou o esquema de Bernie Madoff – recebam toda a atenção, a verdade é que todos os negócios estão em risco. De acordo com o *2016 Global Fraud Study* divulgado pela *Association of Certified Fraud Examiners* (Associação dos Examinadores Certificados de Fraudes), uma organização de médio porte perde todos os anos cerca de 5% das receitas devido a golpes. Isso equivale a mais de três trilhões de dólares perdidos com fraudes no mundo. O relatório também destaca o tipo mais comum de crime financeiro (apropriação indébita de ativos, em que pessoas da própria empresa furtam da organização, como peculato) e o menos comum (fraude nas demonstrações financeiras, em que as empresas declaram propositadamente informações enganosas em seus relatórios). Embora a fraude nas demonstrações financeiras ocorra em apenas cerca de 10% dos casos, ela causa uma perda média de 975 mil dólares nos EUA.

FAZENDO PARTE DOS G-MEN

Em 1908, foi criado o FBI e, no primeiro grupo de agentes (às vezes chamados de G-men), havia muitos contadores. Na verdade, os contadores representavam mais de um terço desses agentes e realmente mostraram a que vieram. Eles derrubaram o famoso mafioso Al Capone, prendendo-o por sonegação de impostos, mesmo com o criminoso se esquivando de outras acusações.

Treinamento de combate para CPAs?

Ao contrário do personagem de Ben Affleck no filme *O contador*, saber técnicas de combate corpo a corpo não é algo necessário para CPAs forenses. Embora esses profissionais sejam bastante competentes com números, a maioria não consegue calcular equações complexas usando apenas um quadro e um apagador... ou analisar mais de uma década de dados contábeis em menos de um dia.

Não é fácil fazer parte dos G-men como contador forense. Para se candidatar, o contador precisa ter concluído o bacharelado com uma carga de, pelo menos, 24 horas semestrais de Contabilidade ou um mestrado em Contabilidade. Além disso, a agência prefere candidatos com, no mínimo, uma designação profissional, incluindo CPA, CFE (*certified fraud examiner* – examinador certificado de fraude, em português) ou CIA (certified internal auditor – auditor interno certificado, em português). Uma vez aceito nesse seleto grupo, o contador colaborará com a agência nas investigações em andamento, trabalhando em casos que envolvem contraespionagem, crimes cibernéticos, crime organizado e muito mais.

CONTADORES EM CASOS DE DIVÓRCIO

Contadores forenses não monitoram apenas criminosos. Hoje em dia, suas habilidades requintadas, com frequência, são utilizadas para descobrir fundos ocultos em casos de divórcio. Infelizmente, a demanda por profissionais nesse nicho é alta e continua aumentando.

Não é raro um dos cônjuges tentar esconder ou minimizar seus rendimentos, sua capacidade de ganho ou seus ativos pessoais (como benefícios de aposentadoria ou propriedades) em um esforço para diminuir o valor da pensão alimentícia ou distorcer a divisão de bens. Em casos assim, o cônjuge desavisado precisa de um contador forense para fazer valer seus direitos. O profissional conseguirá levar para a mesa de negociações informações que antes estavam ocultas, assegurando, assim, que o acordado seja justo para ambas as partes.

Enquanto muitos contadores que trabalham em processos de divórcio se especializam em descobrir bens ocultos, outros ajudam os cônjuges desavisados (em situações em que o outro cônjuge toma conta sozinho do dinheiro do casal) a entender a sua situação financeira. Além disso, em casos de finanças complexas – envolvidas uma ou mais empresas ou uma quantidade significativa de ativos –, o contador forense auxilia na resolução de questões espinhosas para o casal.

Para executar um bom trabalho nessa área, o contador precisa estar disposto e à vontade para amparar os envolvidos, pois quem o contrata costuma estar sensível emocionalmente. Cônjuges sem experiência financeira podem ficar apavorados com a perspectiva de precisar administrar todo o dinheiro sozinhos e preocupados em não sair do divórcio com o suficiente – especialmente quando há filhos envolvidos.

Esses profissionais não cobram barato nos EUA, muitas vezes chegando a uma quantia entre 200 e 300 dólares por hora em casos complexos de divórcio. Ter um contador forense ao seu lado, porém, pode compensar, em especial se vier à tona que seu futuro ex-cônjuge possui bens escondidos.

ESPECIALISTAS EM COMBATE À LAVAGEM DE DINHEIRO

Farejando dinheiro sujo

O dinheiro proveniente de comércio ilegal alimenta organizações terroristas e criminosas ao redor do mundo. A atividade movimenta trilhões de dólares todos os anos, e os chefões aprenderam muito bem como esconder os rastros desse dinheiro. Embora talvez você pense que o maior desafio deles seja ganhar mais dinheiro, na verdade, o que mais lhes causa problemas é como transformar os recursos sujos das atividades ilegais em perfeitamente legais e limpos. Esse processo é chamado de lavagem de dinheiro, e o rastreamento desses recursos deu origem a um novo ramo na contabilidade, que foi ocupado pelos especialistas certificados no combate à lavagem de dinheiro (Certified Anti-Money Laundering Specialists – CAMS).

É UM TRABALHO SUJO

Os especialistas no combate à lavagem de dinheiro têm uma missão quase impossível. Perseguir o rastro do dinheiro sujo fica cada vez mais difícil à medida que mais criminosos usam a internet para encobrir suas atividades ilícitas. Serviços bancários e de pagamento on-line, transferências de valores por celular e fundos virtuais (como bitcoins) dificultaram ainda mais a descoberta de transações ilegais.

Mesmo que seja difícil, esses especialistas trabalham empenhados em sua missão. Rastrear esses recursos ilegais e eliminá-los na fonte impede que terríveis crimes sejam cometidos, assim como a ação de perigosas organizações terroristas. Não é de estranhar que esses especialistas ganhem os melhores salários anuais, atingindo, em média, a marca de 100 mil dólares.

Muitos desses profissionais trabalham exatamente onde está o dinheiro, ou seja, em instituições financeiras. De lá de dentro, supervisionam os sistemas, garantindo que os rígidos protocolos sejam seguidos e assegurando que a regulamentação contábil seja cumprida. Eles também monitoram de perto as transações, sempre em busca de atividades suspeitas.

SEGUINDO O DINHEIRO SUJO

Para rastrear os criminosos e encontrar o dinheiro, esses contadores especialistas precisam de superqualificações e treinamento intensivo. Necessitam ter sólidos conhecimentos em contabilidade forense, compreender a fundo as complexas faces da gestão de risco e ser peritos na avaliação de dados estatísticos. Localizar o dinheiro sujo, porém, exige mais do que aprimoradas habilidades financeiras para seguir o rastro. Também requer dedicação, determinação, paciência e imaginação. A lavagem de dinheiro, contudo, não requer tanta inteligência. Na verdade, quando se estabelece uma operação de lavagem bem-sucedida, o dinheiro praticamente se lava sozinho.

A lavagem de dinheiro acontece em três etapas básicas:

1. Colocação – há a movimentação do dinheiro para o sistema financeiro legítimo;
2. Ocultação – divisão do dinheiro sujo em pequenas quantias e a mistura dele, a fim de esconder seu rastro;
3. Integração – obtenção do dinheiro de volta de fontes "limpas".

Quem lava dinheiro geralmente cria ou usa negócios que movimentam dinheiro vivo (como máquinas de vendas automáticas ou lavanderias) para limpar seus fundos ilegais (como na série de televisão *Breaking Bad*, em que usavam um lava a jato para limpar o dinheiro das vendas de metanfetamina). O proprietário da empresa criminosa apenas acrescenta algum dinheiro sujo aos recibos diários legítimos e, em seguida, deposita o dinheiro misturado na conta bancária da empresa para posterior distribuição de volta ao proprietário. Em outros casos, são compradas mercadorias fáceis de transportar e difíceis de rastrear (como diamantes) para posteriormente serem vendidas em outra jurisdição para limpar o dinheiro. Leilões on-line e sites de jogos também são usados com frequência para lavagem de dinheiro.

DE TRÁS PARA A FRENTE: DO LIMPO DE VOLTA AO SUJO

Apesar da implantação de muitas leis e diversos regulamentos, criminosos continuam encontrando novas maneiras de lavar dinheiro. Começando na década de 1970, quando os governos instituíram a Lei de Sigilo Bancário, que exigia documentação quando clientes faziam transações de 10 mil dólares ou mais com "aparência suspeita",[11] os contraventores passaram a realizar transações de valores cada vez menores para contornar as regras. Por mais espertos que sejam os especialistas no combate à lavagem de dinheiro, os criminosos tendem a estar passos à frente, achando novas maneiras criativas de sumir com o dinheiro sujo, o que, por sua vez, dificulta a ação dos especialistas.

A trilha sempre começa com uma transação ou um detalhe suspeito aos olhos do especialista. Um informante pode ter avisado da transação, ou ele mesmo notou que os recursos de determinada pessoa não combinam com seu estilo de vida. Quando passa a seguir essa trilha, o contador especialista reúne pistas para montar o caso. Uma transação leva à outra, e logo a tapeçaria cuidadosamente tecida pelo criminoso que está lavando dinheiro sujo é revelada.

11 Em 1998, o Conselho de Controle de Atividades Financeiras (COAF), órgão de inteligência financeira do governo federal, foi criado no Brasil. Ligado ao Ministério da Fazenda, atual Ministério da Economia, uma de suas atribuições é monitorar movimentações de alto valor em contas bancárias brasileiras, visando evitar crimes financeiros como lavagem de dinheiro e evasão de impostos. Para que uma transação seja monitorada, o valor de corte é superior a R$ 50 mil, possibilitando a identificação de clientes por os órgãos de controle. Em 2018, houve 3 milhões de transações financeiras monitoradas pelo COAF. Disponível em: https://g1.globo.com/economia/noticia/2019/01/21/saiba-o-que-e-e-como-funciona-o-coaf.ghtml https://www.conjur.com.br/2019-out-29/direito-defesa-mudanca-coaf-bc-combate-lavagem-dinheiro. [N.R.T]

É uma busca árdua e demorada que culmina tanto na captura dos bandidos quanto em uma carreira muito gratificante.

Depósito de "laranjas"

"Laranjas" são pessoas que movimentam pequenas e indetectáveis quantias de dinheiro sujo. Elas podem carregá-lo dentro de malas, atravessando fronteiras internacionais, ou realizar dezenas de depósitos.

OS DIRETORES FINANCEIROS DIRIGEM AS CORPORAÇÕES

Os gatos gordos ficam com todo o mérito

Os CEOs (ou diretores executivos) ficam com toda a glória. No entanto, são os CFOs, os diretores financeiros, que mantêm as rodas corporativas girando. Esses são os caras do dinheiro, são eles que definem as estratégias financeiras gerais das empresas, desde os orçamentos de P&D (pesquisa e desenvolvimento) ao planejamento tributário e IPOs (ofertas públicas iniciais).

Os CFOs geralmente se reportam ao CEO da empresa, fornecendo os dados financeiros que constituem a base para a tomada de decisões. Além disso, o CFO de uma empresa de capital aberto costuma apresentar essas informações diretamente ao conselho de diretores. Também lida com agências tributárias e regulatórias como a SEC (Securities and Exchange Commission – Comissão de Valores Mobiliários, em português).

Os CFOs ficam ricos

O salário médio de um CFO nos Estados Unidos é de incríveis 311 mil dólares por ano (em outubro de 2016). Esse é o valor sem bônus, benefícios e regalias – que podem aproximar a remuneração de 500 mil dólares.

MOSTRE-ME O DINHEIRO

Antes que os cargos de CFO estivessem na moda, os *controllers* (profissionais responsáveis pelas finanças de uma empresa) cuidavam dos assuntos financeiros corporativos. Suas funções eram mais limitadas do que as de um CFO típico, mas ainda assim cabe ao CFO administrá-las. As tarefas do controller dizem respeito principalmente ao passado, focando em relatar e analisar o que a empresa já fez, e não no planejamento futuro.

Dentre as obrigações do CFO ainda estão preparar e apresentar demonstrações financeiras precisas e oportunas para a alta gestão da empresa. Em empresas de capital aberto essas informações também são fornecidas ao conselho de administração, acionistas, funcionários e credores, bem como a analistas financeiros e corretores externos à empresa.

As informações fornecidas pelo CFO servem de base para decisões fundamentais, como:

- Planos de expansão;
- Redução de pessoal e dispensas;
- Fusões e aquisições;
- Ofertas de ações;
- Financiamento de dívidas;
- Compras de ativos importantes.

Com a diretoria e o CEO recebendo conselhos de um CFO forte e visionário, a empresa pode contar com aumento da lucratividade, diminuição de cortes e de demissões e colaboração para uma expansão de sucesso.

MANTENDO AS PORTAS ABERTAS

Embora deixar todos informados sobre a situação financeira da empresa consuma boa parte do tempo do CFO, sua tarefa mais importante é manter as finanças em ordem. Antigamente, isso ficava a cargo do "tesoureiro", mas, hoje em dia, está no domínio do CFO.

Em um contexto mais básico, essas funções de tesouraria exigem que o CFO administre o dinheiro da empresa, tornando-o responsável pela atual condição financeira dela. Esteja o dinheiro entrando ou saindo, o CFO deve desenvolver estratégias de alto nível para lidar com o fluxo de recursos. Dentre essas atribuições, o CFO deve:

- Determinar onde investir os recursos da empresa;
- Assegurar que a empresa tenha liquidez suficiente para cumprir as obrigações atuais;
- Determinar a condição mais vantajosa de financiamento por dívida e capital;
- Envolver-se na análise e no planejamento financeiro, a fim de garantir os fluxos de caixa futuros.

Sem um senso aguçado de como o dinheiro flui, entrando e saindo da empresa, e uma profunda compreensão do setor e da economia em geral, um CFO pode acabar prejudicando os negócios. É por esse motivo que apenas os contadores financeiros mais perspicazes e experientes são capazes de executar bem esse trabalho tão exigente.

OLHAR PARA A BOLA DE CRISTAL

Para competir em um mercado vasto e em constante mudança, as empresas devem se concentrar no futuro. O CFO leva sua empresa adiante utilizando estratégias de previsão financeira. Para fazer isso com sucesso, o CFO precisa ter uma visão clara dos pontos fortes da organização e focar em como aproveitar essas informações. Por exemplo, o CFO de uma fabricante de eletrodomésticos precisa saber quais modelos geram maior retorno financeiro e quais têm o maior potencial de vendas. Além disso, deve ser capaz de determinar como usar esse conhecimento para impulsionar as vendas futuras e estimular o crescimento corporativo. Por exemplo, ele poderia direcionar mais recursos para a produção e publicidade dos modelos mais vendidos, a fim de aumentar as vendas e, consequentemente, as receitas da empresa.

Visando atingir esses objetivos, o CFO cria modelos financeiros para avaliar diferentes cenários e, em seguida, prevê qual será o mais vantajoso para a empresa. O sucesso da organização depende da precisão desses modelos e da capacidade do CFO de antecipar os próximos acontecimentos econômicos. Se o CFO dessa fabricante de eletrodomésticos fizer bem o seu trabalho, as vendas e a base de clientes da empresa aumentarão. Caso contrário, acabará com um grande estoque de produtos que não consegue vender. A maneira como as coisas acontecem pode fazer toda a diferença para o sucesso de uma empresa e determinar se o CFO manterá seu emprego.

CONTADORES TRIBUTARISTAS

Um trabalho imposto

A maioria das pessoas só pensa no imposto de renda em março ou abril. Os contadores tributaristas pensam nele durante o ano todo, e isso é muito vantajoso para você. Esses profissionais experientes mantêm-se atualizados sobre as leis tributárias em constante mudança, e vasculham o código tributário em busca de maneiras para ajudar seus clientes a obterem restituições maiores. Eles também identificam a particularidade de cada situação, a fim de auxiliar os clientes a poupar boa parte de suas rendas agora e no futuro.

Embora os escritórios populares que prestam serviço de declaração de impostos forneçam aos seus representantes pelo menos algum treinamento básico, esse treinamento costuma se concentrar mais em como usar o software da empresa do que em compreender as leis fiscais e utilizar estratégias para economizar dinheiro dos clientes. Essas empresas enfatizam o volume, visando realizar o máximo possível de declarações de imposto, em vez de focar em oferecer um serviço personalizado de alta qualidade.

Um contador tributarista experiente, principalmente um CPA, custa mais do que um software do tipo "faça você mesmo" ou escritórios que oferecem serviços de declaração de imposto. No entanto, se a sua situação financeira for mais complexa do que um preenchimento mais simples do formulário e uma dedução padrão, talvez valha a pena o investimento de contratar um contador tributarista qualificado que possa lhe proporcionar uma economia ainda maior em impostos no ano em curso e nos seguintes. Você chegará à conclusão de que realmente obteve aquilo pelo que pagou.

ELISÃO FISCAL: O FAMOSO "JEITINHO"

Essa é a regra de ouro dos impostos: evasão fiscal é ilegal; elisão fiscal é o famoso "jeitinho". Embora a elisão fiscal pareça ilegal, não é. O que ela realmente significa é calcular os impostos mínimos que você deve legalmente, usando as leis, deduções e lacunas existentes. É por esse motivo que, apesar de o mercado dos EUA estar cheio de softwares fiscais do tipo "faça você mesmo", as pessoas ainda recorrem aos contadores para declarar e enviar o imposto de renda anual.

Os contadores sabem que a melhor maneira de reduzir a cobrança de imposto de renda é reduzir a renda tributável o máximo possível. Isso pode colocá-lo em uma faixa de tributação mais favorável, na qual a renda é tributada em uma porcentagem menor. Outras estratégias completamente legais podem envolver:

- Aproveitar todos os créditos fiscais disponíveis;
- Maximizar a renda isenta de impostos;
- Transferência de renda;
- Maximizar deduções;
- Diferimento de impostos.

Seu contador identificará quais dessas estratégias você pode adotar para minimizar a cobrança de imposto de renda.[12] Algumas são incrivelmente simples de usar, outras podem ser complicadas e realmente exigirem orientação profissional. Contanto que não haja fraude, roubo ou trapaça envolvidos, você tem todo

12 No Brasil, há leis específicas para determinados produtos. No ramo de sorvetes, as marcas começaram a destacar "agora com mais leite" nas embalagens porque descobriram que a proporção de leite em determinado produto poderia colocá-los na categoria tributária de derivados do leite. Ademais, o ICMS também pode ser deduzido. Em São Paulo, por exemplo, algumas empresas operam na capital, mas têm sede em Barueri, na região metropolitana, visando pagar menos imposto sobre serviços (ISS). [N.R.T]

o direito de evitar pagar um centavo a mais em impostos do que o necessário.

ROUBO DE IDENTIDADE FISCAL EM ALTA

Milhões de estadunidenses foram vítimas de roubo de identidade fiscal, e funcionários da Receita temem que os números possam aumentar. Esse crime, cujo impacto sobre as vítimas é terrível, causou enormes problemas nos últimos anos. Durante a temporada fiscal de 2016, quase 60% dos CPAs pesquisados tiveram, pelo menos, um cliente vítima dessa fraude, de acordo com o *Journal of Accountancy*. Muitos desses clientes não tinham ideia da ocorrência do golpe até enviarem suas declarações.

Veja como ele acontece: um criminoso obtém informações pessoais básicas de alguém, incluindo o número do CPF. Em seguida, ele acessa o site da Receita Federal para obter uma cópia da declaração de imposto de renda do ano anterior do indivíduo. Isso lhe confere uma grande quantidade de informações adicionais. Então, ele usa essas informações para criar e enviar uma declaração falsa, direcionando a restituição para si mesmo. Quando o contribuinte verdadeiro vai protocolar sua declaração, esta é rejeitada, pois já foi emitida uma restituição para aquele CPF. Como você pode imaginar, é muito difícil resolver esse problema e obter a restituição que realmente lhe é devida.

Não é a Receita Federal

A Receita Federal não entra em contato por mensagem de texto, e-mail nem rede social com ninguém para informar sobre questões fiscais. O departamento também não exige pagamento via ligação telefônica. Se alguém alegando ser da Receita Federal entrar em contato com você de alguma dessas maneiras, não se deixe enganar. É alta a chance de ser golpe.[13]

Como um contador tributarista pode ajudar a endireitar as coisas? Em primeiro lugar, e mais importante, um contador pode auxiliá-lo a navegar pelo sistema tributário e negociar com a Receita Federal para garantir que você não fique sujeito a quaisquer multas ou penalidades relacionadas ao golpe; afinal, é ilegal encaminhar uma declaração de imposto de renda fraudulenta. Ele também vai entrar em contato com a Receita Federal para resolver o problema e realizar todos os trâmites necessários (como relatar por escrito o roubo de identidade), a fim de que você possa encaminhar sua declaração legítima e obter a restituição o mais rápido possível.

AJUDA EM AUDITORIA

Se você tiver a infelicidade de ser chamado pela Receita Federal para uma auditoria, seu contador tributarista – contanto que seja um devidamente credenciado – estará lá, ao seu lado, para representá-lo, assumindo o controle da reunião (alguns outros consultores de impostos que possuem credenciais especiais da Receita Federal também podem representar os contribuintes cujas declarações foram preparadas por eles, mas de modo limitado).

São auditadas bem menos declarações do que se imagina, e a Receita Federal costuma selecionar declarações que possam gerar impostos adicionais. Se a sua declaração for selecionada e você receber uma carta da Receita, não entre em pânico. Muitas vezes é algo que pode ser resolvido com o encaminhamento de documentos e não requer uma visita ao escritório local do órgão.

13 A Receita Federal orienta que, caso queira denunciar alguma irregularidade ou ação contrária à recuperação de créditos da União, o contribuinte entre em contato com a instituição acessando aos canais oficiais informados em https://www.gov.br/receitafederal/pt-br/canais_atendimento [N.R.T]

Ao contrário das séries de TV, as auditorias raramente terminam em processos criminais ou falência; quase sempre envolvem erros simples ou deduções questionáveis.

Se você for convocado, poderá optar como deseja ser representado. Você pode ir sozinho, na companhia do seu contador ou o contador pode representá-lo (poupando-lhe o estresse de ficar frente a frente como o fiscal da Receita). Munido das informações corretas, como a documentação da dedução em questão, o assunto pode ser resolvido rapidamente. Independentemente de como você decida resolver a situação, não a ignore. Caso receba uma ligação ou uma carta (pelo correio, nunca por e-mail) da Receita Federal, você deve responder em 30 dias; após esse prazo, cada dia sem resposta implica cobrança de juros.

SINAIS DE ALERTA: CUIDADO COM PESSOAS INESCRUPULOSAS

Como o software facilitou o preenchimento básico da declaração de imposto de renda, praticamente qualquer pessoa pode se apresentar como um preparador profissional de declaração de imposto. No entanto, isso não significa que eles saibam o que estão fazendo ou que tenham sido treinados para isso. Esses preparadores podem estar dispostos a informar uma quantidade maior de deduções, realizar deduções arriscadas ou falsificar rendimentos para obter uma restituição maior, principalmente se a remuneração deles for uma porcentagem do valor que você receberá de volta. Isso, em si mesmo, é um sinal de alerta; profissionais de renome não baseiam seus honorários no valor da restituição.

Outros sinais de alerta:

- O preparador se recusa a assinar a declaração de imposto de renda;

- O preparador não possui um PTIN (Preparer Tax Identification Number - Número de Identificação Fiscal do Preparador, em português) válido;[14]
- Você é solicitado a assinar uma declaração em branco ou incompleta;
- O preparador recomenda o depósito da restituição em uma conta que não é a sua;
- O preparador não envia sua declaração por e-mail;
- O preparador pede para ver seu último holerite, em vez da declaração de rendimentos.

Esses preparadores de impostos inescrupulosos podem embolsar sua restituição, roubar ou vender sua identidade ou arruinar seu crédito. Se você optar por fazer a declaração com um profissional, procure um contador com boa reputação.

14 Não se aplica ao Brasil. [N.R.T]

CONTADORES AMBIENTAIS

Não é fácil ser verde

Ao fazer negócios é preciso levar em consideração os custos ambientais, uma questão que chama cada vez mais a atenção. Conforme a preocupação aumenta e as regulamentações se tornam mais complexas, os contadores ambientais intervêm para pesar esses custos em relação a lucro, reputação e futuros negócios. Na melhor das hipóteses, esses profissionais podem ajudar a salvar o planeta e, ao mesmo tempo, aumentar a lucratividade da empresa.

Tradicionalmente, os custos com limpeza, ajustes de conformidade e provisões para multas eram agrupados com os custos gerais indiretos e considerados um custo geral dos negócios. Assim, nunca eram associados diretamente a um processo ou produto. A contabilidade ambiental muda esse quadro, identificando claramente os custos ambientais e rastreando-os até sua origem. Com tais informações detalhadas, a administração é capaz de tomar melhores decisões a respeito de redução ou mitigação de danos ao meio ambiente.

A limpeza que custou 62 bilhões de dólares

O derramamento de petróleo da Deepwater Horizon – na época, o maior vazamento da história dos Estados Unidos – estourou nas manchetes em abril de 2010. A plataforma operada pela British Petroleum (BP) explodiu no Golfo do México, matando onze trabalhadores e liberando milhões de barris de petróleo na água. Em outubro de 2015, a BP concordou em pagar mais de 20 bilhões de dólares em indenizações, elevando o custo total da limpeza para quase 62 bilhões de dólares.

Enquanto alguns setores, como o de produção e transporte de petróleo, obviamente precisam desses profissionais mais específicos, o know-how deles também é solicitado por empresas que talvez surpreenda você. A indústria de vestuário, por exemplo, utiliza muitos produtos químicos perigosos na confecção de roupas, desde pesticidas usados no plantio do algodão até corantes tóxicos para colorir os tecidos. O cultivo de cana-de-açúcar também custa caro ao meio ambiente, pois causa a destruição do habitat, com fertilizantes que contaminam a água e resíduos industriais. Esses são apenas alguns exemplos de como as indústrias podem impactar o meio ambiente e como a preocupação ambiental pode afetar os resultados financeiros de uma empresa.

O QUE É EXATAMENTE UM CUSTO AMBIENTAL?

Ao pensar em custos ambientais, talvez você imagine um pato coberto de óleo ou um urso-polar flutuando em um iceberg solitário. Na contabilidade, porém, esses custos têm a ver com os negócios ao se traduzirem em queda nos lucros, publicidade negativa, multas governamentais e limpezas onerosas.

Considerações a respeito de custos ambientais (na contabilidade) incluem coisas como:

- Avaliar produtos químicos alternativos, já que um pode custar mais no início, mas causar menos danos no futuro;
- Encontrar métodos diferentes de descarte de substâncias tóxicas, a fim de evitar elevados custos com limpeza;
- Considerar fontes alternativas de energia (como solar ou eólica) para reduzir a poluição do ar.

Cada vez mais, empresas estão trabalhando para evitar ou minimizar qualquer dano ambiental, especialmente se isso ajudar a impulsionar seus resultados financeiros. Por isso, é bastante útil ter na equipe um contador ambiental.

EM CONFORMIDADE COM AS LEIS (COMPLIANCE)

Além das habilidades contábeis tradicionais, como destreza em Matemática e atenção aos detalhes, os contadores ambientais também devem ter profundo conhecimento das complexas leis de conformidade e do material científico bastante técnico da área. Esses profissionais usam princípios contábeis já aceitos para calcular os custos de desastres ambientais e da limpeza deles (por exemplo, quando um oleoduto estoura), bem como prever possíveis problemas futuros.

Muitas indústrias começaram a contratar contadores ambientais visando diminuir os custos e aumentar os lucros. As funções que esses profissionais costumam desempenhar em empresas são:

- Calcular o custo de alternativas ecologicamente corretas;
- Ajudar as empresas a criar produtos lucrativos mais limpos;
- Ajudar as empresas a usar seus recursos de modo mais eficiente;
- Negociar créditos ambientais;
- Identificar maneiras de monetizar produtos residuais;
- Aproveitar vantagens e créditos fiscais especiais.

Enquanto alguns contadores ambientais trabalham no setor privado, outros estão no público (na EPA – Agência de Proteção Ambiental dos Estados Unidos, por exemplo) ou trabalham em organizações sem fins lucrativos. Em um cargo público, o contador pode ser responsável por tarefas como rastrear recursos naturais ou calcular quanto custarão as iniciativas de prevenção.

COMO ESCOLHER O PROFISSIONAL CERTO

Você é a pessoa certa para mim?

Após decidir que deseja recorrer a um contador, o próximo passo é descobrir que tipo de ajuda está buscando e em que área você a encontrará. Ao fazer isso, saberá qual o profissional ideal para resolver o seu problema. É possível também combinar os serviços de mais de um profissional. Por exemplo, contratar um técnico contábil para lidar com a entrada de informações rotineiras da empresa e um contador tributarista para fazer a declaração de imposto de renda pessoal e da empresa no fim do ano; ou você pode decidir realizar internamente todas as tarefas básicas de escrituração, mas terceirizar o processamento da folha de pagamento. Uma análise sincera do que você consegue fazer, do que quer fazer e do que provavelmente não fará (pelo menos não com regularidade) o ajudará a decidir quem você precisa contratar.

Muitas empresas pequenas e recém-abertas mantêm relacionamentos estreitos com seus contadores e os consultam com frequência desde o estágio inicial até a expansão dos negócios. Nesse caso, você pode pensar no contador como um sócio remunerado, o que significa que o viés pessoal da relação pode ser tão importante quanto o profissional. A confiança, nessas situações, é fundamental: você deve confiar que seu contador sabe do que está falando, que o está aconselhando bem e que é uma pessoa a quem você pode confiar informações confidenciais.

O que mais você deve fazer antes de escolher um profissional de contabilidade?

VERIFIQUE AS CREDENCIAIS

Antes de contratar um contador, principalmente se acabou de encontrar o nome dele em uma lista na internet, verifique se ele tem licença para exercer a profissão. É possível fazer isso consultando o conselho regional apropriado. Se a licença não estiver em dia, desconsidere-o e procure outra pessoa. Licenças podem ser suspensas ou revogadas por dezenas de motivos, tais como: não renovar no prazo, deixar de atualizar as informações de contato ou não cumprir os requisitos anuais de CPE (formação profissional continuada).

CPAverify.org

Uma maneira rápida de verificar uma licença CPA sem ter de sofrer para encontrar a página certa em um site governamental de difícil navegação é visitar o site CPAverify.org (www.cpaverify.org). Se você souber o nome e o sobrenome do contador, encontrará com um único clique todos os estados em que ele está licenciado para exercer a profissão.[15]

Em situações mais graves, CPAs podem perder a licença devido a violações éticas, atividade criminosas, má conduta durante a realização de uma auditoria, não devolução de documentos dos clientes e quebra de cláusulas contratuais, como não realizar o trabalho para o qual foi contratado. Além da revogação e suspensão das licenças, outras punições e penalidades podem ser aplicadas nesses casos, como multas e reprimendas formais.

15 O Conselho Federal de Contabilidade permite pesquisar os filiados em situação regular acessando: www3.cfc.org.br/SPW/ConsultaNacionalCFC/cfc. [N.R.T]

O FATOR DINHEIRO

Ao procurar os serviços de um contador, com certeza o custo é algo a ser levado em consideração. Como é de se esperar, serviços de nível superior, como planejamento tributário, custam mais do que serviços de nível técnico, como escrituração de dados contábeis. Bacharéis em Contabilidade até podem oferecer serviços de nível técnico, mas a probabilidade de que cobrarão um valor acima do padrão é grande – ainda que cobrem menos do que sua remuneração habitual. Se você precisar de ajuda em várias áreas, considere contratar uma empresa que oferece diversos serviços de contabilidade e cobra de acordo com o nível de exigência deles. Desse modo, você pode pagará o valor justo para uma escrituração, por exemplo, e pagará valores mais altos por serviços mais específicos e complexos.

Mais letras, taxas mais elevadas

Na maioria dos casos, contadores são os profissionais mais caros do setor contábil. Quanto mais letras anexadas aos seus nomes, como CIA (*capital investment advisor* – assessor de investimento de capital, em português), maior será o valor de seus serviços. Em troca, porém, você se beneficiará de ter à sua disposição a ampla experiência e o conhecimento único daquele profissional.[16]

16 No Brasil, há duas importantes certificações nacionais: o Cadastro Nacional de Auditores Independentes (CNAI) e o Cadastro Nacional de Peritos Contábeis (CNPC). Para trabalhar com investimentos, por sua vez, não é necessário ser contador, mas existem certificados importantes da Associação Brasileira das Entidades dos Mercados Financeiro e de Capitais. O CPA-10, que permite vender produtos financeiros trabalhando em bancos e corretoras, e o CPA-20, mais exigente, que permite oferecer serviços a clientes de mais alta renda. O CEA, em grau ainda maior de exigência, atesta que o profissional é especialista em investimentos. O CGA permite ser gestor de fundos de investimento, e o CNPI permite ser analista do mercado de capitais. Embora não tenha exigência legal, o CFP (da Associação Brasileira de Planejamento Financeiro) assegura que o profissional está capacitado a ajudar pessoas físicas a planejar suas finanças. O AAI (da Associação Nacional das Corretoras e Distribuidoras de Títulos e Valores Mobiliários, Câmbio e Mercadorias) permite ser assessor de investimentos em corretoras. Disponível em: www.jdrel.com.br/gestao-contabil/4-principais-certificacoes-para-profissionais-da-contabilidade/. [N.R.T]

Os preços de serviços contábeis variam muito em todos os EUA, mas você encontra valores dentro de algumas faixas básicas (ou, pelo menos, muito próximas). Uma simples escrituração contábil geralmente custa entre 30 e 60 dólares por hora.[17] Para serviços de escrituração com base em contrato mensal, você pode esperar pagar entre 200 e 600 dólares por mês, dependendo do volume de transações.

Serviços de folha de pagamento (que todas as pequenas empresas deveriam considerar contratar) costumam ser cobrados com base no número de colaboradores da empresa, juntamente com o quanto do processo se espera que eles executem. Uma empresa com quatro funcionários, que utiliza os serviços on-line de folha de pagamento completos (como SurePayroll, OnPay ou Gusto) - desde a preparação dos holerites (que inclui funcionários pagos por depósito bancário), pagamento de impostos e até o preenchimento de toda a documentação de fim de ano -, pode esperar pagar algo em torno de 40 a 60 dólares por mês (mais o custo da folha de pagamento e impostos).

O valor da hora-trabalho dos contadores é relativamente elevado, e alguns utilizam o sistema de graduação de taxas com base em tarefas específicas. Elaboração de relatórios e tarefas semelhantes costumam estar na parte mais baixa dessa escala, mas isso depende da complexidade do seu negócio e do montante de requisitos dos relatórios. Serviços que tratam de falência, planejamento de negócios, planejamento tributário e serviços de consultoria estão todos na parte superior da escala. Os valores podem variar bastante, mas devem começar entre 150 e 250 dólares por hora, indo de 750 a 1.500 dólares por uma declaração de imposto de renda de uma empresa média. Pensando no lado positivo, cada centavo gasto aqui é dedutível na declaração de imposto de renda da sua empresa.

17 No Brasil, os sindicatos estaduais de contabilistas publicam tabelas indicativas de preço dos serviços contábeis por categoria da empresa contratante. Consulte a do seu Estado. [N.R.T]

O FATOR CONFORTO É IMPORTANTE

Escolher um contador envolve mais do que buscar "contadores na minha região" no Google e consultar preços. O profissional que você escolher se envolverá a fundo em seu negócio e em suas finanças pessoais. Você poderá pedir-lhe conselhos sobre como manter a empresa funcionando, como ajudá-la a crescer e como trazer seus filhos para a gestão. No lado pessoal, ele poderá lidar com seus impostos e planejamento tributário, e estabelecer planos financeiros para faculdade e aposentadoria.

É importante escolher alguém em quem você possa confiar, tanto para orientar você e sua empresa na direção correta quanto para honrar a confidencialidade de informações financeiras delicadas e, por vezes, pessoais. Escolha um profissional que tenha bastante experiência com empresas de sua área de atuação. Um contador especializado em lojas de varejo, por exemplo, talvez não seja a melhor escolha para uma empresa de fisioterapia e massagem.

Igualmente importante é encontrar alguém de quem você goste. Você deve se sentir confortável para perguntar sobre qualquer coisa que afete a empresa. Sentir-se à vontade para levantar questões sobre seu plano financeiro pessoal, em especial se estiver entrelaçado com o da empresa. O contador deve ser alguém com quem você sairia para almoçar ou assistiria a uma partida de futebol. Ao mesmo tempo, você deve confiar nele o suficiente para seguir o seu conselho profissional. E, naturalmente, quando discordar do conselho, também deve se sentir à vontade para dizer exatamente isso.

Capítulo 3:

Configurando a estrutura

Agora que softwares e aplicativos assumiram tantas tarefas contábeis básicas, pode parecer inútil aprender detalhes entediantes, como conhecer os diferentes tipos de contas e seu funcionamento. No entanto, se você deseja ter sucesso em seu negócio, é importante entender os livros, desde a sua configuração até as demonstrações financeiras anuais, mesmo que contrate um contador para lançar os números.

Contabilidade não se limita a apenas receber pagamentos e cuidar de contas; tem a ver também com usar os números para apoiar seus planos para a empresa e ajudá-la a crescer de maneira lucrativa. Neste capítulo, você terá uma visão clara de como as contas interagem, o que são um livro-razão e um diário, como as transações são lançadas e por que fechar contas no fim de cada período lhe dá uma melhor noção dos negócios e das finanças.

A CONTABILIDADE COMEÇA COM CONTAS

O ABC da contabilidade

Como sugere o nome, um sistema de contabilidade é composto de contas, que servem como uma maneira de agrupar informações, uma espécie de arquivo financeiro. Por exemplo, tudo o que acontece com o dinheiro, como passar um cheque ou depositar a féria do dia, é executado por meio da conta caixa. E os cheques mensais para pagar o aluguel do escritório aparecem tanto na conta caixa quanto na conta despesas de aluguel.

Praticamente todo agrupamento significativo para o negócio pode se tornar uma conta. É claro que existem contas e nomenclaturas padronizadas, como Caixa e Despesa de Depreciação, que você encontra na contabilidade de quase todas as empresas. Há também muitas contas especializadas que são exclusivas de empresas específicas e não se aplicam a nenhum outro lugar. Por exemplo, uma floricultura não precisaria de uma conta "ketchup e mostarda" e um vendedor de cachorro-quente não precisaria de uma conta "fitas e laços". No entanto, todas as empresas têm a mesma estrutura básica de contas e seguem as convenções tradicionais.

PERMANENTE *VERSUS* TEMPORÁRIO

Toda conta se enquadra em uma das duas categorias principais:

1. Permanente;
2. Temporária.

As contas permanentes são aquelas que aparecem no balanço patrimonial e incluem contas de ativo, passivo e patrimônio líquido. Essas contas permanecem no mesmo lugar ano após ano, acumulando informações o tempo todo. As contas temporárias aparecem na demonstração de resultados e incluem receitas, custos e despesas. Essas contas apenas retêm as informações de um único período contábil, por mais longo que seja.

Ao final de cada período contábil, as contas temporárias são convertidas em contas permanentes, à medida que o lucro líquido do período é adicionado (ou subtraído, em caso de prejuízo) na conta de capital apropriada (que depende da estrutura do negócio, como sociedade ou companhia aberta). Em seguida, cada conta temporária é zerada para iniciar o novo período. Qual o sentido disso? Os saldos das contas permanentes são medidos em um momento específico; por exemplo, o saldo de caixa em 12 de janeiro. As contas temporárias são medidas por um período de tempo, como as vendas acumuladas em fevereiro de 2017. Essas contas temporárias precisam ser zeradas para que você possa começar a acompanhá-las novamente. Enquanto isso, a atividade líquida geral dessas contas temporárias precisa ser adicionada sempre aos registros, e isso é feito lançando-as nas contas permanentes.

Nada além de resultado líquido (*net*)

No mundo da contabilidade, a atividade líquida não tem nada a ver com água e tudo a ver com a combinação de saldos de contas. Ao verificar o resultado líquido de contas, você combina seus saldos para ver quanto valem misturados. Assim, se a conta A mostrasse 50 reais e a conta B mostrasse – 25 reais, então sua atividade líquida seria de 25 reais.

OS NÚMEROS DA CONTA MANTÊM A ORDEM

Tudo em contabilidade envolve números, e não é diferente em relação às contas. Além de um nome descritivo, um número de conta é atribuído a cada uma delas. Isso não pode ser feito ao acaso, pois causaria estragos em seus registros. Acredite ou não, o objetivo da contabilidade é simplificar como você lida com as finanças do seu negócio; e utilizar sistemas já testados torna tudo mais fácil.

A convenção básica da contabilidade, incorporada nos planos de contas de praticamente todos os sistemas de software contábeis – mesmo que você não a veja – é a seguinte: tradicionalmente os números de contas de ativo começam com 1, as contas de passivo com 2, as contas de patrimônio com 3, as contas de receita com 4, as contas de custo com 5 e as contas de despesa com 6.[18] Dependendo de quantas contas há no geral, você acrescenta de um a dez dígitos em uma determinada conta. Por exemplo, caso tenha centenas de contas de ativo, você pode usar um sistema de numeração de contas de três dígitos para monitorar os ativos, e cada um desses números de conta começaria com 1 para seguir essa convenção: sua conta principal de caixa poderia ser o número 101; sua conta de estoque, 120; e sua primeira conta de ativo fixo, 150.

18 Os planos de conta brasileiros usam o 1 (um) para ativos (que incluem o patrimônio), o 2 (dois) para passivos, o 3 (três) para custos e despesas, e o 4 (quatro) para receitas. Usa-se pontos também para separar os níveis: 1 é ativos, 1.1 é ativo circulante e o primeiro nível dentro do ativo circulante, 1.1.1, é o caixa, e o estoque é 1.1.4; já contas a receber em longo prazo, sendo ativo não circulante, é 1.2.1. [N.R.T]

COMO AS CONTAS SE CONECTAM

Um sistema de pesos e contrapesos

Em algum momento, as contas acabam se interconectando. Todas as transações que sua empresa realiza envolvem pelo menos duas contas, às vezes mais, e geralmente de tipos diferentes. Por exemplo, os ativos serão usados para pagar despesas. Os produtos de estoque comprados a prazo envolvem ativos e passivos. As vendas de produtos atingem contas de custo e receita. As retiradas do proprietário esvaziam os ativos e o patrimônio. As transações costumam ser catalogadas pelo tempo, com base na data em que ocorreram; para mais detalhes e rastreabilidade, algumas transações incluem informações de referência como números de fatura ou cheque.

Além disso, as contas precisam estar em perfeito equilíbrio, como em qualquer equação. Os ativos totais da empresa devem ser exatamente iguais aos seus passivos e patrimônio líquido combinados. Para chegar a esse equilíbrio, o resultado líquido da combinação das contas de receita, custo e despesa deve ser lançado na conta de patrimônio. Esse equilíbrio perfeito é claramente exibido nas demonstrações financeiras formais da empresa.

A CONEXÃO FORMAL

Periodicamente, você ou o contador prepara demonstrações financeiras para sua empresa. Essas demonstrações são relatórios formais que explicam exatamente o que aconteceu no período anterior (independentemente de quanto tempo seja esse período) e como está a situação financeira no momento que você gera os demonstrativos. A frequência com que você elabora os demonstrativos depende do tipo e tamanho da empresa, da situação fiscal dela e da frequência com que você (como proprietário do negócio) deseja monitorar as finanças. A maioria dos empresários prepara demonstrações financeiras pelo menos a cada três meses, a fim de pagar impostos estimados no mesmo período. As principais demonstrações financeiras são:

1. Balanço patrimonial;
2. Demonstração de lucros e prejuízos;
3. Demonstração do fluxo de caixa.

Basicamente, o balanço patrimonial representa a "equação contábil" (ativo = passivo + patrimônio). O relatório mostra que a equação está em equilíbrio ao fornecer um panorama das contas de ativo, passivo e patrimônio líquido em uma determinada data.

A demonstração de lucros e prejuízos informa receitas, custos, despesas e resultados dos negócios (o lucro ou prejuízo, comumente chamado de resultado final) em determinado período de tempo.

Por fim, a demonstração do fluxo de caixa mostra como o dinheiro entrou e saiu da empresa durante o mesmo período de tempo específico. Esse demonstrativo geralmente inclui todos os tipos de conta, pois todas têm alguma relação com o caixa.

Com essas três demonstrações em mãos, um empresário consegue ver o quadro financeiro completo da empresa e verificar se seus esforços resultaram em lucros para o período. Para uma discussão mais aprofundada dessas ferramentas empresariais fundamentais, consulte o Capítulo 6.

A CONEXÃO DO DIA A DIA

Para muitas pequenas empresas, as transações diárias incluem três tipos de contas:

1. Receitas;
2. Despesas;
3. Caixa.

A conta-corrente da empresa costuma ser o primeiro lugar em que essas transações são registradas. Por exemplo, receber de um cliente pelos serviços prestados afetará as contas de caixa e receita; enquanto o pagamento da conta de luz da loja afeta tanto a conta caixa quanto a de despesas.

Mais de duas

Há casos em que uma transação afeta mais de duas contas. Por exemplo, se você paga telefone, TV a cabo e internet na mesma conta, essa transação afetará quatro contas: despesa de telefone, despesa de TV a cabo, despesa de internet e caixa.

Quando você revende produtos, o estoque e o passivo também se tornam contas do dia a dia. Toda vez que adquire estoque para a sua empresa, você passa a dever dinheiro para a empresa da qual comprou – um aumento na conta de passivo. E mesmo que você não veja necessariamente uma entrada diária para transações de compra ou venda em suas contas de patrimônio, elas são afetadas por cada transação de receita e venda, pois, no fim do período contábil, o lucro líquido total (ou prejuízo) desse período é lançado nas contas patrimoniais.

As conexões mantêm o negócio em movimento

No nível mais básico, as conexões periódicas diárias e formais entre as contas são o que mantém seu negócio fluindo. Em outras palavras, você usa uma combinação de passivos e patrimônio líquido para comprar ativos – isto é, os recursos da empresa que você utiliza para gerar receita, alguns de modo direto (como estoque que se converte em venda) e outros, indireto (como o computador com o qual contabiliza o estoque). É fácil identificar a ligação que há entre estoque e produção de receita, mas ver como o computador pode ajudar a gerar receita não é tão óbvio. Seu computador gera receita quando você o usa para criar faturas, produzir folhetos promocionais, manter seus livros em ordem, aprender mais sobre seu setor e encontrar novas maneiras de atrair clientes.

As despesas também vão diretamente para a produção de receita. Afinal, você não pode administrar um negócio sem fazer uso de telefone, eletricidade, internet e canetas. Essas receitas e despesas se juntam em seu negócio, com a esperança de que as receitas sejam maiores do que as despesas, a fim de gerar patrimônio adicional.

DÉBITOS E CRÉDITOS

A linguagem secreta dos contadores

Um dos conceitos mais fundamentais – e mais confusos (pelo menos no início) – de contabilidade envolve débitos e créditos. Costuma ser uma das primeiras coisas que estudantes de contabilidade aprendem na faculdade, mas é uma das que mais demora a fazer sentido, pois, à primeira vista, parece algo contraintuitivo. No entanto, o esquema de débito/crédito é o cerne de todo sistema contábil. Depois de ter uma noção de como ele funciona, você entenderá muito mais facilmente a operação de todo o sistema.

ENTÃO, O QUE SÃO DÉBITOS E CRÉDITOS?

Na contabilidade, débito significa esquerda, e crédito, direita. Em um primeiro momento, pode parecer confuso. No entanto, no início do método de partidas dobradas (o sistema que todos nós utilizamos hoje em dia), quando tudo era feito à mão usando lápis e papel, esse era o único caminho a percorrer.

Cada transação contábil tem pelo menos duas partes, um lado do débito e um lado do crédito, e as duas devem ser iguais. A palavra "lado" aqui é crucial. Nos sistemas tradicionais e antigos de contabilidade manual, cada conta individual era desenhada como um T (e chamada de "conta T") no papel.

É aqui que começa a complicar. Algumas contas são aumentadas por débitos, outras são diminuídas. Da mesma maneira, algumas contas são aumentadas por créditos, e outras são diminuídas. O débito ou o crédito funciona como uma adição ou subtração dependendo do tipo de conta com a qual você está trabalhando. Confira a tabela a seguir para verificar como as contas funcionam.

DÉBITOS E CRÉDITOS		
TIPO DE CONTA	DÉBITO	CRÉDITO
Ativo	Aumenta	Diminui
Passivo	Diminui	Aumenta
Patrimônio	Diminui	Aumenta
Receita	Diminui	Aumenta
Despesa	Aumenta	Diminui

É assim que todas as transações comerciais são registradas, com base nesse antigo sistema contábil de débito/crédito. Algumas vezes, porém, parece que os valores de débitos e créditos estão ao contrário.

Entenda como funciona uma conta T

Uma conta T funciona da seguinte maneira: o nome da conta é escrito no topo do T; todos os débitos são informados no lado esquerdo do T e os créditos, no lado direito. Sempre que uma transação afeta essa conta, o contador registra o valor no lado apropriado do T (débito ou crédito), que é determinado pelo tipo de conta.

A INVERSÃO BANCÁRIA

Quando se trata de finanças pessoais, há uma reviravolta extra que faz débitos e créditos parecerem mais confusos do que realmente são. Pense nos cartões em sua carteira: cartões de débito e cartões de crédito. Eles não correspondem ao esquema tradicional, porque seus nomes não foram criados por contadores, mas por banqueiros, e do ponto de vista destes.

Ao usar o cartão de débito, diminui a quantidade de dinheiro que você tem na conta bancária, assim como também diminui quanto o banco lhe deve. Desse modo, do ponto de vista do banco, toda vez que você utiliza seu cartão de débito, diminui o passivo deles – e, como você viu na tabela, as contas de passivo diminuem com um débito.

Aqui está a reviravolta: toda vez que você usa o cartão de crédito, está tecnicamente pedindo dinheiro emprestado ao banco. Assim, cada compra realizada aumenta o valor da sua dívida. Do ponto de vista do banco, eles estão concedendo crédito para você. Quando você realiza pagamentos com cartão de crédito, aumenta o ativo deles (uma conta de recebíveis), que aumenta com um débito.

Do lado do banco, quer você use um cartão de débito ou crédito, as contas nos livros deles recebem uma entrada de débito. Para você, em suas finanças pessoais, contudo, toda vez que você usa um cartão de débito ou crédito, seus "livros" recebem uma entrada de crédito; você está diminuindo seu saldo de caixa com o cartão de débito ou aumentando seu passivo com o cartão de crédito.

ÀS VEZES É O OPOSTO NOS NEGÓCIOS TAMBÉM

Na contabilidade empresarial, algumas contas atuam em sentido contrário das demais de seu grupo quando se trata de débitos e créditos. Por exemplo, algumas contas de ativo têm saldos normais de crédito e algumas contas de vendas têm saldos normais de débito. Essas contas especiais são chamadas de contas redutoras, pois atuam contrariamente à norma (motivo pelo qual ganharam esse apelido).

Embora esse tipo de conta pareça enigmático, serve a um propósito bem definido. As contas redutoras podem ajudar a separar determinadas transações de sua conta "mãe" (a conta que estão compensando), proporcionando uma visão mais clara da situação. Em alguns momentos, esse detalhamento é muito importante, pois afeta suas futuras estratégias e políticas de negócios. Por exemplo, suponha que sua empresa venda suéteres tricotados à mão.

A maioria dessas vendas será concretizada, mas provavelmente haverá algumas devoluções. Se apenas agrupasse essas devoluções na conta de vendas, como vendas negativas, você não conseguiria saber quantos suéteres vendeu ao todo e quantos foram devolvidos. Você enxergaria somente um número de vendas menor, sem qualquer detalhamento.

Para fins de planejamento, é importante saber qual porcentagem da venda resultou em devoluções. Talvez você não tomasse qualquer medida se a quantidade de devoluções estivesse dentro do esperado, mas, se fosse muito maior, provavelmente faria algo a respeito.

Segue um exemplo: sua empresa vendeu 30 suéteres por R$ 250 cada, totalizando R$ 7.500. Desses suéteres, 10 foram devolvidos depois, diminuindo esse total em R$ 2.500. Se você apenas tirasse as devoluções de R$ 2.500 das vendas de R$ 7.500, os livros mostrariam R$ 5.000 em vendas líquidas (R$ 7.500 - R$ 2.500). Seria tecnicamente correto, mas não tão informativo quanto detalhar os dois números.

CONTAS DE VENDAS E DEVOLUÇÕES		
Vendas de suéteres		R$ 7.500
Menos: devoluções	R$ 2.500	
Vendas líquidas de suéteres		R$ 5.000

Se você visse apenas o valor de vendas líquidas de R$ 5.000, não saberia que um terço desses suéteres foi devolvido e que apenas 20 foram vendidos. Uma visão completa, fazendo uso da conta redutora para lançar as devoluções, oferece informações mais detalhadas e precisas, o que permite tomar decisões melhores para o futuro do negócio.

DECOMPONDO UMA TRANSAÇÃO

Fazer negócios gera uma pilha de transações (eventos com certo impacto monetário), sobre as quais você aprenderá mais daqui a pouco. Cada uma delas tem um componente de débito e um de crédito. Isso não significa que a transação necessariamente envolva um positivo e um negativo (embora isso possa acontecer às vezes) ou que o saldo de uma conta vá aumentar enquanto o de outra vá diminuir (o que também é possível). Na verdade, cada transação terá um impacto no lado esquerdo (débito) e um impacto no lado direito (crédito). A maneira como uma transação afeta as contas relevantes depende inteiramente do tipo de contas que elas são.

Por exemplo, suponha que você emita um cheque para pagar a conta de luz da empresa. Essa transação resultaria em um débito na despesa de eletricidade e um crédito no caixa. Sua despesa de eletricidade aumenta e o caixa diminui. Se você mudar um pouco essa transação, o impacto na conta também muda. Suponha que você pague aquela conta de luz com um cartão de crédito; você ainda debitará a despesa de eletricidade, mas agora o crédito iria para uma conta como "cartão de crédito a pagar", no passivo. Nesse caso, a conta de despesa aumenta, assim como a de passivo (porque agora você deve mais).

No mês seguinte, você paga a fatura do cartão de crédito da empresa. Essa transação inclui um débito na conta de cartão de crédito a pagar e um crédito no caixa. Cartão de crédito a pagar, a conta do passivo, diminui com um débito (o pagamento reduz seu saldo). A conta caixa, um ativo, também diminui, mas esse tipo de conta diminui com a entrada de um crédito.

O QUE CONTA COMO UMA TRANSAÇÃO

O dinheiro trocou de mãos?

Uma transação comercial é quando ocorre um evento que pode ser medido monetariamente. Essa é a definição formal, e é preciso explicá-la um pouco. Todo dia nas empresas acontecem dezenas, talvez centenas, de eventos que não têm nenhum efeito monetário: verificar as correspondências, conversar com clientes pelo Skype e enviar e-mails, por exemplo. Transformar essas ocorrências em transações requer apenas uma coisa: dinheiro. Se o envelope que você abriu continha o cheque de um cliente, você tem uma transação para registrar. Se essa ligação pelo Skype resultou em uma venda, você tem outra transação. Se esses e-mails contiverem links promocionais para os clientes clicarem e comprarem produtos, cada venda por e-mail contaria como uma transação.

A maioria das empresas possui as mesmas transações gerais, que sempre se repetem. São elas:

- Vender;
- Receber dinheiro;
- Pagar contas;
- Pagar funcionários;
- Pagar impostos;
- Comprar suprimentos;
- Receber mercadorias;
- Comprar equipamento.

Cada transação causa alterações em contas específicas, mudando o que você deve e o que você possui. Ao registrar uma transação, é preciso saber quais contas são afetadas e como; quando a transação ocorreu e qual é o seu valor em reais (mesmo que nenhum dinheiro tenha trocado de mãos ainda).

Às vezes, porém, saber quando registrar a transação não é tão simples quanto parece.

QUANDO REGISTRAR TRANSAÇÕES

Em contabilidade, como na maioria das outras áreas, o tempo é fundamental; e ele se aplica às transações de duas maneiras diferentes:

- A primeira tem a ver com o dia em que a transação realmente ocorreu (por exemplo, você compra uma caixa de papel sulfite e um toner de impressora em uma loja que fatura a venda para a sua empresa).
- A segunda ocorre quando o dinheiro muda de mãos (você envia um cheque para o pagamento desses materiais de escritório).

Essas duas situações podem acontecer ao mesmo tempo (por exemplo, se você pagou pelos produtos no ato da compra na loja), mas isso não costuma ocorrer. O truque é saber quando é hora de registrar a transação, e isso depende do método contábil que você decidiu usar em seu negócio.

Quanto a isso, há duas opções distintas para você escolher:

1. **O regime de caixa**, adotado com mais frequência por microempresas e pequenas empresas de serviços, significa que as transações só são registradas quando o dinheiro muda de mãos. Usando esse método, a compra de papel e toner seria registrada em seus livros apenas no dia em que realmente fosse paga à empresa de material de escritório;
2. **O regime de competência**, que muitas empresas têm de usar, exige que as transações sejam registradas à medida que ocorrem, independentemente do fator dinheiro. Nesse método, a transação é registrada no dia em que se recebeu o material de escritório e, em seguida, é informada uma segunda transação para registrar o pagamento.

Vamos analisar isso mais a fundo.

Regime de caixa

Quando se trata de escolher qual método contábil adotar, em especial em uma empresa muito pequena, sem dúvida o regime de caixa ganha em relação ao de competência. Isso porque:

- É mais fácil de entender: você registra as transações quando o dinheiro muda de mãos;
- Dá a você uma pequena margem de manobra no fim do ano para minimizar a renda tributável: você pode antecipar o pagamento de várias despesas, a fim de reduzir seus lucros e sua conta de impostos do ano, e apenas paga impostos sobre o dinheiro que realmente recebeu naquele ano;
- A escrituração real é muito mais simples: como todas as transações envolvem dinheiro, você só precisa se preocupar com as outras contas envolvidas no lançamento.

No entanto, existe uma grande desvantagem nesse método, que é preferido de muitas empresas: o tempo. O regime de caixa não acompanha suas receitas e despesas em tempo real - somente quando há um pagamento envolvido. Saber exatamente quando ocorreram as transações originais pode ser muito útil para fins de planejamento, pois você saberia em qual período contábil real a despesa foi incorrida ou a receita obtida. Por exemplo, se você vendeu decorações de Natal em dezembro, mas só recebeu por elas em fevereiro, essa venda seria registrada no mês de fevereiro, um período contábil completamente diferente.

Além disso, de acordo com a legislação da Receita Federal dos EUA, nem todas as empresas podem adotar o regime de caixa.[19] Você não pode utilizá-lo se a sua empresa possui estoque. Nem se for constituída como uma empresa individual (corporação C

19 Atenção: micro e pequenas empresas brasileiras, bem como microempreendedores individuais e empresas que declaram lucro presumido, podem usar esse regime. [N.R.T]

– também chamada de corporação regular) ou se tiver uma receita bruta superior a 5 milhões de dólares por ano (um empecilho muito bom, aliás). Se você não tem certeza se o seu negócio pode ou não usar o regime de caixa, verifique com um contador tributarista.

Dinheiro entrando, dinheiro saindo

Quando você usa o regime de caixa, praticamente todo o seu sistema de contabilidade pode ser executado por meio de sua conta corrente. Desde que cada cheque e depósito sejam registrados, você terá a maioria de suas tarefas de contabilidade diária executada. Normalmente, o único registro extra ocorre quando você paga em dinheiro por algumas despesas.

Regime de competência

O regime de competência é um pouco mais complicado do que o de caixa, mas lhe fornece informações melhores e mais rápidas. Tradicionalmente, manter os livros usando esse método requer uma contabilização ativa de dupla entrada, o que significa que você sempre precisa especificar as duas contas (ou mais, quando aplicável) afetadas a cada transação. Isso difere do regime de caixa, pois, nesse caso, assume-se que, a despeito da conta em que a transação for lançada, a outra é sempre a conta caixa. Hoje em dia, com o software registrando automaticamente as transações nas contas apropriadas, essa desvantagem não afeta mais a escrituração como antes. Ainda assim, o regime de competência é mais complicado do que o de caixa e um pouco mais difícil de entender.

A regra básica do regime de competência é registrar as transações à medida que elas acontecem, mesmo que não haja dinheiro envolvido no momento. Você registra todas as vendas (receitas) conforme são obtidas e todas as despesas conforme são incorridas. Esse princípio contábil é chamado de princípio da correspondência. Ou seja, você lança receitas e despesas correspondentes ao período em que realmente ocorreram.

Ao comprar suprimentos a prazo, você registra a transação no dia em que os comprou. Ao fazer uma venda a um cliente, você registra a venda naquele dia, mesmo que na fatura conste que ele só pagará daqui a 30 dias. Naturalmente, quando o dinheiro enfim muda de mãos, haverá outra transação para registrar. Ter de registrar esses lançamentos extras é uma das desvantagens do regime de competência. A outra desvantagem impacta a sua conta-corrente: você precisa pagar imposto de renda sobre as receitas que auferiu, mesmo que ainda não as tenha recebido.

Tempo é fundamental

Com o regime de competência, as entradas não monetárias são as que afetam seu resultado. O objetivo é registrar receitas e despesas no momento que ocorrem. Quando você paga essas despesas ou recebe os cheques dos clientes, essas transações não têm efeito sobre os lucros, pois as transações envolvem apenas ativos e passivos.

O CICLO CONTÁBIL

Relate. Enxágue. Repita.

Um ciclo contábil são os processos e procedimentos realizados para registrar as transações de uma empresa. Ele começa com uma transação, passa pela elaboração de demonstrações financeiras e termina com um encerramento. Há, naturalmente, uma série de outras etapas no caminho. Por que é um ciclo? Porque, após a conclusão da última etapa, o processo começa de novo.

Embora muitas dessas etapas, hoje em dia, sejam invisíveis graças a softwares contábeis, é importante conhecê-las, mesmo que as ferramentas tecnológicas estejam fazendo todo o trabalho. O ciclo contábil tradicional completo pode ser resumido em oito etapas básicas. Nelas, os contadores:

1. Registram as transações nos diários;
2. Fazem os lançamentos contábeis nos livros apropriados;
3. Preparam um balancete de verificação de todas as contas do livro-razão geral;
4. Criam um balancete de trabalho completo, com lançamentos de ajuste;
5. Inserem esses lançamentos de ajuste no diário geral e, em seguida, lançam no livro-razão geral;
6. Preparam um conjunto de demonstrações financeiras;
7. Encerram as contas temporárias;
8. Criam um balancete de verificação pós-encerramento.

Conhecer as etapas e a ordem em que são executadas é essencial para o processo contábil. O trabalho realmente começa quando você as segue, chegando ao cerne dos números.

Você provavelmente registra transações, que é o primeiro passo no ciclo contábil, todos os dias. Ao decompô-la, esta etapa envolve reconhecer o que é considerado uma transação, identificar todos os seus detalhes e, em seguida, registrá-los em um diário. Esse livro é uma espécie de diário de transações (falaremos mais sobre isso daqui a pouco). Antes do aparecimento de ferramentas contábeis tecnológicas, esses lançamentos eram periodicamente registrados nos livros-razão, que são livros contendo páginas para cada conta específica. Essa é a etapa dois. Assim, se um lançamento no diário incluísse a conta caixa, no final essa parte da transação era registrada na página do livro-razão da conta caixa (como uma espécie de caixa registradora). Com o uso de softwares contábeis, isso acontece automaticamente, assim que o lançamento no diário é registrado.

Divisível por 9

Como era muito difícil achar onde havia erros em diários e livros-razão preenchidos à mão, os antigos contadores desenvolveram pequenos truques para encontrá-los. Por exemplo, se o balancete estava errado por uma quantia divisível por 9, então havia um erro de transposição – uma inversão dos dígitos em um número, como 19 em vez de 91.

A etapa três, o balancete de verificação (que discutiremos com mais detalhes mais adiante nesta seção), é uma maneira de garantir que tudo foi registrado corretamente. Como o nome da etapa sugere, é basicamente uma verificação para ver se as contas estão em equilíbrio. Para criar esse relatório, você lista todas as contas do livro-razão junto com seus saldos finais de débito ou crédito; então você soma todos os débitos e todos os créditos. Se o total de débitos for igual ao total de créditos, as contas fecham; caso contrário, há erro em algum lugar. Quando não existia programas contábeis, os guarda-livros arrancavam os cabelos tentando encontrar o que estava desequilibrando o balancete. Hoje em dia, o software verifica isso automaticamente e quase nunca permite que as contas fiquem desbalanceadas (embora, em determinadas circunstâncias, como a configuração inadequada de contas, é possível ocorrer o desequilíbrio de balancetes).

Na quarta etapa – balancete de trabalho –, entram em ação os ajustes. Algumas vezes, esses ajustes simplesmente corrigem erros. Outras, contabilizam coisas que ainda não foram registradas por causa do tempo. Por exemplo, se o período contábil termina em uma terça-feira, mas sua empresa paga os colaboradores na sexta-feira, você tem que ajustar as despesas de folha de pagamento para lançar o valor de dois dias de pagamento do colaborador (para segunda e terça-feira) no período que se encerrou. Por fim, os lançamentos de ajuste na quarta etapa são usados para contabilizar a depreciação periódica e as despesas de amortização (a depreciação mostra a diminuição no valor dos ativos físicos ao longo do tempo, a amortização reflete a parcela de um ativo intangível – como uma patente – que foi usada). Esses ajustes eram tradicionalmente registrados em um balancete de trabalho (um que o guarda-livros mantinha em aberto ajustando) até que tudo estivesse corretamente contabilizado e em equilíbrio.

A quinta etapa formaliza os lançamentos de ajuste feitos no balancete de trabalho. Nessa etapa, as entradas são registradas no diário e, em seguida, lançadas em cada conta relevante no livro-razão (outra etapa invisível se estiver usando um software contábil).

A sexta etapa é uma das mais importantes para os empresários: elaborar um conjunto de demonstrações financeiras (analisaremos de perto esses demonstrativos no Capítulo 6). As três principais demonstrações financeiras são:

1. Balanço patrimonial;
2. Demonstração de lucros e prejuízos;
3. Demonstração do fluxo de caixa.

Esses relatórios resumem toda a atividade para o período e oferecem um quadro detalhado da situação financeira atual da empresa.

As etapas sete e oito encerram o ciclo contábil. Primeiro, todas as contas temporárias (receitas, custos e despesas) são zeradas e seu total líquido é lançado em uma conta de patrimônio chamada lucros retidos. Isso é feito para registrar com precisão a atividade do período contábil. Uma vez que todas as entradas de encerramento tenham sido registradas e lançadas, começa a etapa oito: o balancete de verificação pós-encerramento é criado para assegurar que todas as contas ainda estejam em equilíbrio (esse balancete de verificação é criado após a conclusão dos lançamentos de encerramento).

Após o término desse período, acontece uma limpeza contábil para avançar para o próximo. Então, o ciclo contábil recomeça.

DIÁRIOS E LIVROS-RAZÃO

Diários e livros-razão são da época que a escrituração era feita à mão e cada um deles servia a um propósito somente:

- **Diários:** eram usados para registrar transações à medida que aconteciam;
- **Livros-razão:** eram usados para carregar o saldo de cada conta.

Antes dos computadores, esses livros físicos podiam ser bastante pesados, em especial em organizações maiores e empresas de venda de mercadorias. Isso deu origem a diários e livros especiais que facilitavam a procura de informações específicas de que guarda-livros e contadores necessitavam.

Diários especiais

A maioria das empresas costuma repetir as mesmas transações. Para as que ocorrem com mais frequência, como vendas, os guarda-livros usam um dos diários especiais padrão (nesse caso, o diário de vendas). Existem quatro diários especiais comumente usados:

1. Vendas;
2. Compras;
3. Entradas de caixa;
4. Saídas de caixa (também chamadas de desembolsos).

As transações que não ocorrem com tanta frequência são registradas no diário geral, no qual se lança tudo aquilo que não se encaixa em uma categoria específica. No diário geral, também estão os ajustes e os lançamentos de encerramento.

Livros-razão especiais

Além disso, algumas contas individuais possuem livros contábeis especiais. Contas a receber e contas a pagar contêm informações resumidas de muitas contas subjacentes. O contas a receber inclui tudo o que seus clientes lhe devem, e o contas a pagar, tudo o que você deve aos fornecedores. No entanto, é provável que sua empresa tenha diferentes clientes e trabalhe com fornecedores diversificados. Para cada um desses, você precisa acompanhar o saldo da conta individual, a fim de ter sempre disponível a informação de quanto os clientes devem, e quanto você deve a cada fornecedor. Ter essa visão fica bastante complicado se todos esses dados estiverem espremidos nas contas do livro-razão geral.

Por esse motivo, tanto o contas a receber quanto o contas a pagar têm livros-razão especiais. Enquanto o livro-razão geral mantém informações detalhadas para cada conta separada, os livros-razão especiais mantêm dados detalhados para cada conta de cliente e fornecedor. Em vez de lançar informações de transações específicas no livro-razão geral, as transações envolvendo o contas a pagar e o contas a receber são registradas primeiro nos livros auxiliares especiais. Em seguida, uma entrada resumida é feita nas contas do livro-razão geral.

Programas contábeis usam esses diários e livros especiais, mas todo o registro das transações é feito instantânea e simultaneamente. Por exemplo, seu software mantém um livro-razão de clientes para que você possa acompanhar os pagamentos de cada um deles.

UMA HISTÓRIA DO BALANCETE DE VERIFICAÇÃO

Embora pareça obsoleto, graças aos softwares contábeis, o balancete de verificação é uma valiosa ferramenta de negócios. Sim, tudo fica equilibrado – afinal, o programa não permite que você lance transações desbalanceadas –, mas nem sempre uma transação balanceada significa que ela esteja correta. Por exemplo, uma venda de R$ 250,00 poderia acidentalmente ser lançada como R$ 25.000; a entrada estaria balanceada, mas errada. Uma rápida olhada no balancete de verificação permite que você perceba que algo está errado (por exemplo, se as vendas mensais costumam girar em torno de R$ 10.000, mas neste mês se aproximaram de R$ 35.000).

E há momentos em que as coisas não se equilibram, mesmo quando você está usando um programa contábil. Por exemplo, mudar de relatórios pelo regime de competência para os de caixa pode causar um erro em seu balancete de verificação. Além disso, softwares diferentes podem ter características distintas que deixam as contas desbalanceadas. Qualquer que seja a causa do erro, o balancete de verificação é onde você pode identificar o problema.

Além disso, um balancete é a primeira coisa que seu software de contabilidade pedirá que seja informado: afinal, é preciso começar por algum lugar. Esteja você iniciando um novo negócio ou transferindo seus livros de um programa contábil para outro, precisará preencher os saldos das contas.

Uma empresa recém-aberta terá saldos de contas?

Sim, mesmo uma empresa totalmente nova tem alguns saldos para lançar: custos iniciais, caixa e patrimônio, no mínimo. Muitas também possuem alguns ativos (computadores, móveis de escritório, estoque) e algumas dívidas para contabilizar.

UMA QUESTÃO DE TEMPO

Um ciclo contábil marca o início e o fim de um período contábil, mas a duração desse período depende de você, com base no que faz sentido para seu negócio. Os períodos de tempo mais usados são os mensais, trimestrais e anuais. Empresas de capital aberto são legalmente obrigadas a apresentar relatórios em períodos específicos, de modo que seus ciclos costumam seguir essas regras.

Um período contábil também é conhecido como período fiscal. Em geral, esses períodos são sincronizados com o calendário, mas não precisam ser. Por exemplo, sua empresa pode encerrar o ano fiscal em 30 de junho (talvez você prefira tirar férias no meio do ano).

Uma vez definido o período de tempo do seu ciclo contábil, ele deve ser mantido. Afinal, consistência e organização são dois dos principais pilares da contabilidade.

CONTABILIDADE E ORGANIZAÇÃO

Ordem a partir do caos

Organização é o segredo da contabilidade – imagine como seria se os números simplesmente fossem dispostos ao acaso. Você nunca saberia quais clientes lhe devem dinheiro, por exemplo, ou por que está assinando cheques. Classificar de modo sistemático receitas e despesas, clientes e fornecedores, permite que você concentre sua energia no crescimento e na manutenção dos seus negócios. Se os registros são caóticos, a chance de sucesso da empresa despenca. Você precisa saber onde os números estão para imaginar para onde podem ir.

Registrar as transações, juntamente com outras tarefas de escrituração, agrega estrutura ao seu negócio. Esse tipo de organização também é crucial para sua vida financeira pessoal. Aqui examinaremos maneiras eficientes de organizar as suas finanças e as da empresa, começando com o gerenciamento de cada pedaço de papel.

AINDA HÁ MUITO PAPEL

A essa altura, você já deve ter percebido que a contabilidade envolve dezenas de formulários, centenas de outros papéis e milhares e milhares de números. Controlar todas essas informações pode ser complicado, embora o uso de softwares contábeis facilite muito. Ter um sistema que informa como e quando preencher cada formulário, quais informações você precisa de cada documento e para onde vão todos esses números torna tudo isso gerenciável. A parte mais difícil talvez seja a de implementar esse sistema!

Organização física

Mantenha seus dados contábeis organizados em pastas de arquivos claramente identificadas. Mesmo que realize a sua contabilidade na nuvem, é provável que ainda lide com uma pilha de papéis para diversas transações, e você precisa encontrar um modo eficiente de rastrear essa papelada. O ideal seria que as empresas tivessem um arquivo para fornecedores, outro para clientes e um terceiro para despesas gerais. Além disso, é importante reservar um arquivo para cada ativo e passivo que aparece em seus livros. Por exemplo, manter pastas separadas para cada fornecedor, em vez de juntá-los no mesmo arquivo, facilitará a localização de pedidos de compra e faturas em caso de haver um problema ou uma divergência. Por último, mas não menos importante, as empresas devem manter arquivos com cópias em papel de todas as declarações fiscais, incluindo impostos sobre vendas e sobre a folha de pagamento. Ter um local específico reservado para essa documentação (que existirá ainda por um bom tempo) ajudará bastante o seu trabalho.

Reduza a pilha de papéis

Angustiado com a pilha de recibos? Comece a digitalizá-los ou fotografá-los com seu smartphone. A Receita Federal dos EUA aceita versões eletrônicas dos recibos,[20] desde que estejam organizadas e mostrem claramente o objetivo comercial. Assim como faz com os recibos em papel, guarde os eletrônicos por pelo menos seis anos.

Procedimentos contábeis

A organização da papelada, porém, é apenas uma peça do quebra-cabeça. Você também precisa criar procedimentos para suas tarefas contábeis. Ter um padrão para realizar as tarefas agiliza o seu trabalho e facilita muito quando você o transfere para outra pessoa. Se você não lançar as transações diárias à medida que ocorrem, elas se acumulam rapidamente. Além disso, você não

20 No Brasil, ainda que seja preciso autenticar os documentos por meio de assinatura digital, recibos digitais são aceitos na maior parte dos casos. [N.R.T]

conseguirá produzir nem mesmo demonstrações financeiras aproximadas se o seu livro-razão geral (aquele que contém os detalhes de cada conta) estiver desatualizado. Desenvolver uma rotina é a única maneira de lidar com todo esse trabalho; sem ela, a escrituração desanda antes que você perceba.

ORGANIZE SUAS TAREFAS PESSOAIS

Organizar as informações contábeis não é bom apenas para os negócios – também facilita sua vida financeira pessoal. Quando suas finanças estão ordenadas, você não se esquece de pagar uma conta nem de depositar um cheque. Os recibos de que você precisa para os impostos não vão acabar na lixeira. Você terá acesso a saldos bancários, contas de investimento e planos de aposentadoria sem precisar procurar a numeração das contas em pilhas de papéis.

Além de ser algo bastante importante na época de calcular impostos, uma boa organização o ajuda a manter suas finanças nos trilhos ao longo do ano. Elaborar um orçamento é uma das melhores maneiras de se organizar e seguir o planejado. Existem alguns ótimos aplicativos de orçamento pessoal (como Mint, www.mint.com; ou Mvelopes, www.mvelopes.com) que podem auxiliá-lo a permanecer firme dentro do programado e a acompanhar todas as suas despesas.[21]

CONTROLE DE INFORMAÇÕES FISCAIS

Seja em relação aos negócios ou à sua vida pessoal, você já sabe que precisa de registros e recibos para preparar seus impostos. É especialmente importante guardar as despesas e deduções em caso de convocação por parte da Receita Federal. A melhor

---

21 Aplicativos como GuiaBolso, Organizze e Orçamento Fácil são excelentes para organização pessoal. [N.R.T]

maneira de evitar problemas futuros é organizar cuidadosamente a papelada à medida que a recebe.

Quando você desembolsar uma despesa dedutível, anote imediatamente a razão comercial no recibo, para não esquecer. Se preferir recibos físicos, mantenha pastas ou envelopes em todos os lugares (no carro, na mesa de trabalho, na maleta, na bolsa de ginástica) para guardá-los. Se escolher usar tecnologia, digitalize os recibos assim que os receber. Seja como for, reúna todas as informações e registre-as com regularidade – é mais fácil manter esse hábito do que deixar acumular e precisar enfrentar uma pilha enorme de papel no fim do ano.

Se você for o tipo de pessoa que coloca a mão na massa, considere trabalhar com planilhas, elas são um modo simples de organizar e somar suas despesas. Se essas despesas referem-se a seus impostos pessoais, isso já será o suficiente. Caso se refiram ao seu negócio, lance-as em um software contábil, para serem integradas aos registros financeiros da empresa.

Alguns serviços on-line também podem auxiliar empresários e pessoas físicas a manter suas informações contábeis organizadas. O Shoeboxed (www.shoeboxed.com), por exemplo, recebe seus recibos (em fotos ou digitalizados) e os organiza em um banco de dados on-line para você, eliminando um pouco do estresse da hora de declarar o imposto.

O QUE GUARDAR, O QUE JOGAR FORA

A contabilidade, de fato, produz muitos registros, e é difícil saber o que é preciso guardar (e por quanto tempo) e o que pode ser descartado. Por exemplo, você deveria guardar uma ordem de compra até, pelo menos, a entrega do produto e o envio da fatura por parte do fornecedor, para ter certeza do recebimento e da cobrança correta do pedido. Caso tenha um contrato de vendas com um cliente, você deve mantê-lo até que todos os termos sejam cumpridos e sua empresa receba o pagamento integral. O motivo e o tempo para se guardar um documento variam de acordo com o seu tipo. Embora não existam regras rígidas, exceto as exigidas pelo governo, aqui estão algumas boas diretrizes básicas (incluindo algumas normas importantes da Receita Federal dos EUA):

- Mantenha todos os registros de impostos e documentos fiscais externos – como holerites, recibos de autônomo, juros de poupança – por, pelo menos, três anos após a entrega da declaração;
- Guarde os recibos de despesas dedutíveis de 75 dólares ou mais;
- Crie um arquivo de longo prazo (pelo menos sete anos) para documentos cruciais, tais como: registros de funcionários, extratos bancários, contratos, folhas de pagamento e de impostos sobre elas;
- Mantenha recibos médicos, de mensalidades escolares, doações filantrópicas e de uso de combustível da empresa/pessoal por, no mínimo, cinco anos;
- Guarde suas declarações de imposto de renda por, pelo menos, sete anos.

Conflitos surgem o tempo todo no mundo contábil, tanto por motivos comerciais quanto pessoais. Qualquer pessoa (ou empresa) pode virar o alvo de uma auditoria da Receita Federal, ou se envolver em uma disputa contratual. Ter a documentação certa em mãos pode fazer toda a diferença.

Para mais detalhes sobre quais documentos comerciais e pessoais que, no seu caso, devem ser mantidos, converse com o seu contador ou consultor financeiro.

Capítulo 4:

Ativo, passivo e patrimônio

Um dos fundamentos da contabilidade é a equação:

ativo = passivo + patrimônio líquido

As três partes dessa equação definem tanto o seu negócio quanto as suas finanças pessoais, pois informam o que você tem, o que deve e quanto do que é seu você realmente possui. Você não conseguiria gerenciar sua situação financeira pessoal nem administrar sua empresa sem esses três fatores. Do ponto de vista pessoal, eles determinam sua necessidade de renda, a classificação de crédito e sua riqueza geral. E são igualmente cruciais para seu negócio, porque são as ferramentas que você usa para gerar receita.

Neste capítulo, você aprenderá tudo o que precisa saber sobre ativo, passivo e patrimônio e como eles se encaixam na equação contábil e no planejamento financeiro.

A EQUAÇÃO CONTÁBIL

Atenha-se à fórmula

A equação ativo = passivo + patrimônio líquido expressa um dos conceitos básicos e fundamentais da contabilidade: tudo deve permanecer em equilíbrio. Mudanças em um lado da equação exigem mudanças no outro.

Essa equação surgiu da ideia de que os ativos são financiados por uma combinação de passivos e patrimônio. Você pode pagar pelos ativos da sua empresa usando o capital existente, levantando um adicional ou emprestando recursos. As transações serão diferentes, mas a equação contábil permanecerá em equilíbrio independentemente do caminho seguido. Por exemplo, ao utilizar o capital existente para financiar uma compra de ativo, você está gastando recursos que já possui. Essa transação resulta em um débito no novo ativo e um crédito em qualquer que seja o ativo que você usou para comprá-lo (como caixa ou um veículo negociado). Embora os saldos de ativos individuais sejam afetados, o total não é, e a equação permanece em equilíbrio.

O mesmo equilíbrio vale para quando você levanta capital novo para comprar um ativo para a empresa. A conta de ativo e a conta de patrimônio aumentarão em valores iguais, mantendo o equilíbrio. Financiar os ativos com dívidas (como fazer uma hipoteca para comprar um prédio comercial) funciona da mesma maneira: o ativo aumenta, e o passivo também. Desde que cada transação individual tenha débitos e créditos iguais, seus livros permanecerão em equilíbrio, e a equação contábil continuará válida.

UM OLHAR PESSOAL SOBRE OS NÚMEROS

Na teoria, a equação contábil parece bastante simples – há apenas três fatores a serem considerados. Na prática, as coisas podem ser um pouco mais complicadas. Apresentar números, porém, ajuda a descomplicar.

Qual é o seu patrimônio líquido?

"Patrimônio líquido", expressão comum no mundo das finanças, é outro nome para patrimônio. No melhor dos casos, os ativos (aquilo que você tem) superam os passivos (aquilo que você deve), originando um valor líquido positivo. No entanto, se os empréstimos e a dívida do cartão de crédito saírem do controle, ou se o valor da sua casa diminuir, pode surgir um patrimônio líquido negativo.

Vamos analisar como a equação contábil pode ser aplicada às suas finanças pessoais. Tomemos sua casa de exemplo. Como proprietário, você é dono dela ou, pelo menos, de uma grande parte dela; a parte que você ainda não possui é o saldo devedor do financiamento. Em termos de equação contábil, ficaria assim: casa = hipoteca + patrimônio.

Digamos que você comprou sua casa por R$ 250.000,00, com uma entrada de R$ 25.000,00 e financiando R$ 225.000,00. Sua equação contábil seria:

R$ 250.000,00 (ativo) = R$ 225.000,00 (passivo) + R$ 25.000,00 (patrimônio)

À medida que você paga o financiamento, os números mudam, mas sempre ficam em equilíbrio. Assim, depois de vários anos, a equação poderia ser a seguinte:

R$ 250.000,00 (ativo) = R$ 212.000,00 (passivo) + R$ 38.000,00 (patrimônio)

A casa é apenas uma parte do quadro financeiro total. Você provavelmente também tenha contas bancárias, algumas dívidas de cartão de crédito, uma casa cheia de móveis, um automóvel, um financiamento desse automóvel e um fundo de aposentadoria. Todas essas peças se encaixam como um quebra-cabeça para formar uma equação contábil equilibrada.

UM EXEMPLO REAL DA ÁREA DE NEGÓCIOS

Nos negócios, tudo costuma ser contabilizado e categorizado e, por esse motivo, é muito mais fácil ver a equação contábil em ação. Para entendê-la, basta olhar para o balanço patrimonial de qualquer empresa.

Por exemplo, o Facebook divulgou o seu balanço anual em 31 de dezembro de 2015. Esse relatório indicou que a empresa tinha ativos totais de US$ 49.407.000. O Facebook também relatou passivos totais de US$ 5.189.000 e patrimônio líquido total de US$ 44.218.000. Assim, juntando tudo, a equação contábil do Facebook naquela data era:

US$ 49.407.000 = US$ 5.189.000 + US$ 44.218.000

Cada transação que ocorreu desde então alterou a equação contábil do Facebook – e isso inclui as muitas empresas adquiridas, reforçando seus ativos e seu alcance global.

O QUE SÃO ATIVOS?

Faça seus ativos trabalharem para você

Agora que você já sabe que os ativos são um componente fundamental da equação contábil, vamos nos aprofundar nesse assunto, analisando o impacto deles na contabilidade. Tão importante quanto (talvez ainda mais), também falaremos sobre como ativos específicos podem ser usados para aumentar o patrimônio líquido.

Em um contexto empresarial, ativos são todas as posses do seu negócio: desde o computador na sua mesa até o armário de arquivos na salinha dos fundos e a van de entregas na garagem. Funciona da mesma maneira quando se trata de ativos pessoais. O dinheiro em sua conta-corrente, suas roupas, a TV de tela plana de 60 polegadas e o garfo que você acabou de usar no jantar contam como ativos. Não importa se são grandes ou pequenos. O importante é que tenham valor monetário e que você ou sua empresa os possua. Nesse sentido, os ativos nem precisam ser físicos. Patentes e direitos autorais, por exemplo, contam como ativos mesmo que sejam intangíveis. Além disso, qualquer coisa que você ou sua empresa tenha o direito legal de possuir, como uma restituição de imposto ou um pagamento futuro de um cliente, é contabilizado como ativo.

Parece fácil entender o que são ativos, mas o assunto traz algumas reviravoltas inesperadas – você descobrirá um pouco mais adiante que há muito para aprender. Nesse momento, analisaremos de modo geral por que os ativos são tão importantes na sua vida pessoal e nos negócios, e como passam a fazer parte do seu quadro financeiro.

TODA EMPRESA TEM ATIVOS

Não importa o porte nem a atividade da empresa, todo negócio tem ativos. Desde um computador usado para emissão de faturas aos clientes até as instalações de 2 mil metros quadrados, cada coisa que sua empresa possui é um ativo, desde que você possa atribuir um valor monetário a isso.

Alguns ativos são físicos, como cadeiras, copiadoras e vans de entrega. Outros são promessas juridicamente vinculativas, como contas a receber,[22] que é o dinheiro que seus clientes devem para a sua empresa. Há ainda aqueles que parecem existir mais no papel, embora também possam assumir uma forma tangível, como a conta-corrente da empresa ou despesas pré-pagas (por exemplo, um ano de seguro pago antecipadamente). A despeito da forma adotada, qualquer coisa com valor monetário que sua empresa tem ou possui os direitos (como receber pelo que os clientes lhe devem) conta como um ativo.

Os ativos da empresa aparecem no balanço patrimonial, que é uma das principais demonstrações financeiras produzidas no fim de cada período contábil. Nesse relatório, os ativos são divididos em diferentes categorias para facilitar a análise. A sequência em que são listados no balanço patrimonial normalmente corresponde a como aparecem no plano de contas (uma listagem formal de cada conta e seu número de conta correspondente), que, em geral, está na ordem de liquidez (a rapidez com que pode ser transformado em dinheiro).

No entanto, os ativos fazem mais do que apenas aparecer em relatórios. Eles são os recursos que a empresa usa para gerar receita, que é o que mantém o negócio vivo. Uma empresa não gera vendas sem ativos e, embora essa conexão seja mais clara em negócios de vendas de produtos – que não conseguiriam gerar um centavo de receita se não tivessem estoque para vender aos clientes –, isso também vale para empresas de serviços. No mínimo, você precisa ter dinheiro para pagar as despesas e o marketing de divulgação do negócio. Prestadoras de serviços também necessitam de ferramentas básicas para atender os

22 No Brasil, caso sejam contas a receber em longo prazo, após o exercício contábil, os ativos passam a ser não circulantes. [N.R.T]

clientes: um cabeleireiro precisa de cadeira, tesouras e utensílios para fazer penteados; um contador precisa de um computador e muitos armários de arquivo.

ATIVOS PESSOAIS

É provável que você não pense nisso com muita frequência, mas, assim como para uma empresa, tudo o que você possui é seu ativo. Talvez não pareça muito importante, mas é. Quando você pede um empréstimo, o credor costuma solicitar a apresentação de um balanço patrimonial pessoal – e seus ativos serão o destaque desse documento. Se você comprar um seguro, como proprietário ou locatário (o que você deveria fazer), a seguradora pode solicitar uma lista de seus ativos. Desse modo, é importante estar preparado e saber o que possui para quando surgir a necessidade.

As grandes posses são ativos bem óbvios, como: casa, carro, motocicleta, barco ou caminhão. No entanto, outros itens pessoais, que também são ativos, talvez não sejam tão fáceis de ser identificados como tal. Ao fazer um balanço de seus ativos, inclua:

- Todo o dinheiro em poupança e contas-correntes (no momento);
- Investimentos;
- Contas de aposentadoria;
- Joias (incluindo relógios);
- Mobília;
- Eletrodomésticos (geladeira, lavadora/secadora, micro-ondas);
- Eletrônicos (celulares, tablets, TVs, computadores, consoles de jogos);
- Bicicletas;
- Obras de arte;
- Objetos para colecionadores;
- Decoração de casa;
- Equipamentos de ginástica e esportes;

- Ferramentas (ferramentas elétricas, cortador de grama, conjunto de chaves de fenda);
- Utensílios de cozinha (pratos, panelas, talheres).

Tudo de valor que você possui é seu ativo. Os itens que não se encaixam nas categorias listadas são agrupados em bens pessoais, como suas roupas (a menos que sejam roupas de grife e casacos de pele), lençóis e toalhas e brinquedos infantis. Mesmo que esses itens pessoais não sejam individualmente tão valiosos, juntos podem somar milhares de reais.

Quando os ativos não contam

Às vezes, você usa ativos que não tem, e esses não contam como seus ativos. Por exemplo, se você mora em um apartamento mobiliado alugado, os móveis não contam como seus ativos; nem um carro da empresa ou um cortador de grama emprestado de seu vizinho – não importando quanto tempo esteja em sua posse.

DISCRIMINAÇÃO DAS CATEGORIAS DE ATIVOS

Tem tudo a ver com o tempo

Como existem muitos tipos de ativos, para simplificar, eles são divididos em categorias. Há quatro agrupamentos, que são bastante comuns nas empresas:

1. **Ativos circulantes:** é tudo aquilo que se espera ser convertido em dinheiro ou usado em um ano, como o estoque ou o próprio caixa;
2. **Investimentos:** abarca participações, como fundos mútuos ou títulos municipais que não são usados no curso normal dos negócios; eles são uma maneira de obter renda extra utilizando recursos de que a empresa não precisa no momento;
3. **Ativos fixos (também chamados "propriedade, instalações e equipamento" ou imobilizado):** têm vida útil relativamente longa e são usados regularmente no apoio das operações da empresa; como caminhões, mesas e sistemas de informática;
4. **Ativos intangíveis:** são ativos de longo prazo que não têm forma física, mas ainda possuem valor monetário para a empresa, como um logotipo corporativo ou uma marca registrada.

Resumindo: tudo aquilo que se espera ser convertido em dinheiro dentro de um ano da data do balanço de uma empresa é considerado um ativo circulante; todos os outros ativos entram em uma das categorias de longo prazo (investimentos, ativos fixos e ativos intangíveis).

Além disso, dentro dessas categorias, há uma organização específica. Por exemplo, a hierarquia adotada nos ativos circulantes é com base na liquidez. O dinheiro já é caixa, então vem em primeiro lugar. Despesas antecipadas (como o pagamento adiantado de um ano inteiro de aluguel), por outro lado, possuem uma data de uso fixa, o que costuma colocá-las no fim da lista de ativos circulantes. Os ativos fixos também têm seu próprio sistema de classificação, mas esse se baseia na expectativa de duração dos ativos, também conhecido como vida útil. Por exemplo, um caminhão de entrega pode ter vida útil de dez anos, enquanto um prédio de escritórios pode durar trinta anos.

Ouro líquido

Liquidez tem a ver com a facilidade que você teria para converter um ativo em dinheiro, se precisasse. Sua conta-corrente é considerada dinheiro em espécie, tornando-a 100% líquida. O estoque costuma ter grande movimentação, então é considerado um ativo de alta liquidez. Por outro lado, aquele caminhão de entrega personalizado da sua empresa pode levar muito tempo para ser vendido e, por esse motivo, não seria considerado um ativo líquido.

ATIVOS CIRCULANTES SE TRANSFORMAM EM DINHEIRO

Ativos circulantes incluem tudo quanto pode ser (ou que você espera que seja) convertido em dinheiro dentro de um ano da data do balanço patrimonial. Esses ativos são listados em ordem de liquidez, desde o dinheiro em espécie até o ativo circulante que você considera que demoraria mais tempo para converter em dinheiro (em geral, uma conta de despesas antecipadas). Seguem os ativos circulantes mais comuns, em ordem de liquidez:

- Caixa, que inclui todas as contas em dinheiro e qualquer valor em espécie que você tenha em mãos;
- Contas a receber, que é o dinheiro que os clientes lhe devem pelas vendas feitas;

- Estoque, que inclui tudo o que você revenderá independentemente da forma em que esteja agora;
- Investimentos de curto prazo, como ações ou títulos que você planeja resgatar em um ano;
- Despesas antecipadas, que são despesas pagas antes de seu uso, como seguro ou aluguel.

Quanto mais ativos circulantes você tiver em seus livros, maior a liquidez de sua empresa. Em se tratando de pequenas empresas e startups, a liquidez pode significar a diferença entre o sucesso e o fracasso.

O termo "outras" em "outras receitas"

Investimentos de longo prazo costumam gerar ganhos circulantes, como juros ou dividendos. Esses ganhos precisam ser incluídos quando você calcula o lucro ou prejuízo no período. Como não são receitas regulares, são apresentadas em separado, geralmente como "outras receitas" na parte inferior da demonstração de lucros e prejuízos.

INVESTIMENTOS DE LONGO PRAZO

Quando sua empresa está indo bem e o dinheiro está sobrando, você pode optar por investi-lo, a fim de ganhar ainda mais. Quaisquer aplicações que planeje manter por mais de um ano entram na categoria de investimentos de longo prazo. Esses investimentos podem ser ações, títulos, fundos negociados em bolsa, fundos mútuos e até certificados de depósitos bancários de alto rendimento; também podem incluir ativos como prédios que você mantém apenas para fins de investimento, em vez de usá-lo em seu negócio principal.

Investimentos de longo prazo são geralmente utilizados para criar reservas de ativos que, no futuro, possam financiar expansões empresariais, minimizando, assim, a quantia que você precisaria obter de fontes externas. Capital externo pode ter um alto custo: sempre há muitos juros em empréstimos bancários, e trazer investidores ou parceiros para sua empresa dilui sua propriedade. Em vez de realizar uma retirada de dinheiro como sócio (ou dividendo) e devolver o valor depois, quando necessário, muitos pequenos empresários investem esse dinheiro excedente e depois só ficam vendo-o crescer (é o que esperam).

À medida que seus planos de expansão se aproximam e você acha que está chegando a hora de liquidar essas aplicações, você pode converter seus investimentos de longo prazo para os de curto prazo. Os investimentos que você espera vender no próximo ano viram ativos circulantes no balanço patrimonial da empresa.

ATIVOS FIXOS

Qualquer ativo físico que sua empresa tenha e não pretenda vender se enquadra aqui. Os ativos fixos variam em tamanho, vida útil e finalidade. Uma cadeira de escritório de 200 reais é um ativo fixo tanto quanto uma instalação de armazenamento de 1.400 m^2. A questão é que ambos fazem parte do que a empresa precisa ter para gerar receitas, e você planeja mantê-los por um longo tempo. Alguns exemplos de ativos fixos são:

- Terrenos;
- Edifícios;
- Melhorias nos edifícios;
- Veículos;
- Móveis de escritório;
- Equipamentos;
- Computadores.

Os ativos fixos também vêm com uma conta redutora especial (uma conta com saldo credor normal que compensa a conta do ativo imobilizado). Essa conta redutora especial, chamada de depreciação acumulada, se enquadra na categoria de ativo, mas tem um saldo credor normal (que a torna uma conta redutora). Ela contém todas as despesas de depreciação já realizadas nos ativos a que se refere. A despesa de depreciação acompanha o valor decrescente dos ativos ano após ano e permite que você considere essa redução como uma despesa dedutível de impostos distribuída por toda a vida útil do ativo. Por exemplo, se sua empresa compra uma van de entrega novinha em folha, ela começa a perder valor assim que sai do estacionamento. Ao longo do ano, ocorre o desgaste natural do bem, diminuindo ainda mais seu valor original. A despesa de depreciação estabelece uma quantia em reais desse desgaste, para refletir o valor atual real da van.

ATIVOS INTANGÍVEIS

Algumas empresas possuem ativos de longo prazo que não têm forma física. Eles são chamados de ativos intangíveis, e alguns negócios nunca seriam bem-sucedidos sem eles. Para contabilizar um intangível como ativo, sua empresa precisa possuí-lo ou ter os direitos sobre ele, que precisa ter um valor mensurável monetariamente. Os ativos intangíveis mais comuns são: patentes, direitos autorais, acordos de licenciamento, marcas registradas, direitos de franquia, arrendamentos e fundo de comércio (o mais intangível de todos).

O fundo de comércio talvez seja o ativo intangível mais complicado de entender, pois apenas existe no campo das ideias e só pode ser mensurado quando um negócio é comprado. O ativo de fundo de comércio representa essencialmente a reputação de uma empresa – seu bom nome. Só entra no jogo contábil quando alguém adquire uma empresa por mais do que ela valeria apenas pelos números.

É possível atribuir um valor a isso?

Às vezes, é muito difícil avaliar ativos intangíveis que ainda não foram comprados. Por exemplo, ao escrever um roteiro, você detém os direitos autorais dele. Esse direito autoral é seu ativo intangível e tem algum valor, mas pode ser difícil determinar quanto ele vale. Um contador experiente pode ajudá-lo nisso.

Assim como os ativos fixos, os ativos intangíveis têm vida útil finita, durante a qual diminuem de valor, pelo menos para fins contábeis. Essa diminuição é conhecida como amortização e conta como uma despesa dedutível de impostos. Como pode ser difícil determinar a longevidade dos ativos intangíveis, a vida útil é considerada sua vida legal ou quarenta anos, o que for menor. Por exemplo, uma patente de design emitida pelo governo dos EUA dura quinze anos. A amortização pode ser realizada em uma conta redutora separada, chamada de amortização acumulada, ou pode ser deduzida diretamente do saldo do ativo intangível; a escolha é sua (ou do seu contador).

Agora que abordamos o básico sobre as categorias de ativos, vamos nos aprofundar em cada uma delas. Os prós e contras dos diferentes grupos de ativos podem surpreendê-lo.

UM OLHAR MAIS ATENTO SOBRE O ATIVO CIRCULANTE

O quão rápido consigo converter algo em dinheiro?

Como você já sabe, no mundo contábil, ativos circulantes referem-se a ativos que podem ser convertidos em dinheiro no período de um ano. Esses são os ativos que sua empresa usaria nas atividades cotidianas, ou que você utilizaria pessoalmente para manter suas finanças diárias. Para fazer face às despesas, esses são, sem dúvida, os ativos mais importantes que você possui; ao acumular o suficiente em ativos circulantes para sobreviver e financiar emergências, seu foco pode mudar para os de longo prazo e aumentar a riqueza.

Em se tratando de finanças pessoais, o ativo circulante será composto principalmente de contas cuja retirada de dinheiro pode ser instantânea: conta-corrente e poupança. Embora tecnicamente também inclua investimentos com tempo determinado – como CDBs de três, seis ou doze meses (certificados de depósito bancário que costumam pagar juros um pouco maiores do que economias "resgatáveis automaticamente") –, muitos consultores financeiros alertam contra o uso desse dinheiro antes da hora, pois isso desencadeia uma penalidade por saque antecipado que acaba reduzindo os juros que você ganhou. Outro detalhe técnico: investimentos (como ações e fundos mútuos) contam como ativos líquidos porque costumam ser fáceis de converter em dinheiro rapidamente. Muitas pessoas, porém, preferem não contar com eles como ativos circulantes, por causa dos valores imprevisíveis e das comissões cobradas na compra e venda.

Para uma pequena empresa ou startup, os ativos circulantes podem fazer a diferença entre permanecer à tona e afundar. Se um negócio não conseguir arcar com as suas contas, não ficará no mercado por muito tempo. Por esse motivo, o gerenciamento adequado dos ativos circulantes é o segredo do sucesso. Usar esses ativos – caixa, contas a receber, estoque, investimentos de curto prazo e despesas antecipadas – da maneira mais vantajosa possível ajudará na sobrevivência da sua empresa recém-aberta e a fará prosperar.

POR FAVOR, PAGUE EM 30 DIAS

O contas a receber é geralmente o maior ativo circulante para empresas de serviços e um dos maiores para as de venda de mercadorias. O nome da conta diz tudo: é a quantidade de dinheiro que você espera receber dos clientes que compraram a prazo. Não inclui as vendas com cartão de crédito – essas contam como dinheiro. Na verdade, o contas a receber entra em cena quando sua empresa concede crédito aos clientes.

Por exemplo, se você for um jornalista freelance, escreve um artigo para um cliente e envia a fatura, a quantia devida nessa fatura será incluída no contas a receber. A situação é semelhante para negócios de venda de mercadorias. Digamos que sua empresa fabrique mesas personalizadas por R$ 2.500 cada. Um escritório de advocacia compra 10 mesas, a prazo, por um total de R$ 25.000, e sua empresa entrega as mesas junto com uma fatura que inclui o preço das mesas (R$ 25.000), mais o imposto sobre vendas (a 5%: R$ 1.250),[23] mais a taxa de entrega de R$ 250. Essa fatura total de R$ 26.500 (R$ 25.000 + R$ 1.250 + R$ 250) seria incluída no contas a receber.

Gerenciar bem o contas a receber significa se manter nos negócios; ampliar muito o crédito ou deixar que os clientes não paguem pode levar a empresa à falência. Não importa o quanto queira realizar uma venda, é importante assegurar-se de que seus clientes pagarão. Isso pode ser facilmente resolvido ao fazê-los preencher uma solicitação de crédito na primeira vez que fecharem negócio. As informações fornecidas lhe darão pistas valiosas sobre o histórico de pagamentos do cliente e permitirão saber a probabilidade ele vai pagar a dívida. Além disso, na primeira compra, você pode oferecer um crédito

23 No Brasil, a tributação é semelhante e equivalente à adição de impostos federais e estaduais. [N.R.T]

limitado (de acordo com o valor que você pode arcar em caso de não pagamento) ou exigir um bom adiantamento.

O truque para ser pago logo

Não subestime o poder de um ótimo acordo. Uma das melhores maneiras de fazer os clientes pagarem rapidamente é oferecer descontos para pagamentos antecipados. Por exemplo, você pode oferecer um desconto de 2% aos clientes que pagarem em dez dias. Certamente você receberá um pouco menos de dinheiro, mas não precisará se preocupar com a possibilidade de cobrá-lo.

Cobrança de atrasados

As cobranças são o outro lado das vendas. É uma tarefa desconfortável, e muitos pequenos empresários simplesmente a evitam. No entanto, se um cliente não lhe pagou apesar dos repetidos avisos de cobrança de "atraso", você (ou um de seus colaboradores de confiança) precisará ser duro. O primeiro passo – que, apesar de óbvio, muitas empresas não fazem – é cortar o crédito dele e não permitir que compre qualquer coisa a prazo. Caso sua empresa possua vários escritórios ou muitos colaboradores, você precisa deixar claro a todos que o crédito desse cliente está congelado. O próximo passo é entrar em contato com ele, seja enviando e-mail para o proprietário da empresa ou telefonando para o departamento de contabilidade. Às vezes, você acaba perdendo uma conta, mas, na maioria das vezes, se for persistente, acabará sendo pago.

VOCÊ PRECISA TER COISAS PARA VENDER COISAS

Empresas que vendem mercadorias precisam de produtos para vender, e isso significa estoque. Quer você esteja vendendo produtos finais, intermediários ou industriais, fabricados pela sua empresa, cada componente presente nos itens vendidos é contabilizado no estoque.

Você deve controlar o estoque, e essa tarefa, por vezes, é complicada, pois (se você tiver sorte) a movimentação desse ativo é bem rápida. É fundamental para o sucesso da empresa se manter atualizado sobre a posição do estoque. Afinal, se você não sabe com quanto de mercadoria começou, quanto vendeu e quanto ainda resta, como saberá quando e qual quantidade pedir novamente? Ter um estoque muito pequeno pode frustrar os clientes e transformá-los em ex-clientes; pense em como você fica irritado quando os itens que quer estão esgotados (ainda mais quando uma consulta prévia na internet indicava que a empresa tinha tais produtos). Por outro lado, ter um estoque abarrotado arrasta o seu negócio para baixo, pois compromete o caixa da empresa e ocupa espaço de outros itens cuja entrada e saída é mais rápida.

Os melhores programas contábeis para pequenas empresas permitem ao usuário controlar o estoque desde a chegada do produto ao almoxarifado até a emissão da fatura ao cliente. Se o seu software não for tão robusto, procure um aplicativo de gestão de estoque que possa ser vinculado ao programa contábil que você já utiliza (um bom exemplo é SOS Inventory – www.sosinventory.com –, que se conecta diretamente com o QuickBooks na nuvem). Ainda que controle seu estoque eletronicamente, é preciso realizar contagens físicas periódicas, em especial se o estoque for suscetível a quebras (ou se for fácil de meter no bolso).

O QUE FAZER COM CAIXA EXTRA

Uma vez que seu negócio tenha decolado, você pode se deparar com um excedente de caixa. Esse excedente, porém, talvez se dissolva tão rapidamente quanto se formou devido a obsolescência do produto ou serviço, mudanças econômicas ou em sua situação pessoal. Manter o dinheiro em caixa na empresa pode protegê-la contra reveses. Hoje em dia, contudo, essa tática não funciona muito, pois as taxas de juros da poupança estão próximas de zero. Portanto, vários negócios recorrem ao mercado de ações na esperança de obter algum lucro extra antes de precisarem desse dinheiro de volta.

Esses investimentos de curto prazo contam como ativos circulantes por dois motivos básicos. Primeiro, são altamente líquidos, o que significa que você consegue vendê-los rapidamente e convertê-los de volta em dinheiro sem suar a camisa. Segundo, não fazem parte de um plano de longo prazo e não estão presos a algo que não pode ser vendido rapidamente.

Embora as ações sejam às vezes o investimento preferido de curto prazo, essa categoria pode incluir títulos, fundos mútuos, fundos negociados em bolsa ou qualquer outro investimento que seja fácil de se desfazer a qualquer momento.

O FUNDAMENTAL SOBRE DESPESAS ANTECIPADAS

Antecipar despesas é uma realidade para pequenas empresas e startups, acontece com mais frequência do que você imagina. Como o próprio nome indica, a conta de despesas antecipadas mantém o saldo das despesas pagas antes do vencimento e que serão usadas posteriormente. Por exemplo, sua empresa pode pagar seis meses de aluguel adiantado pelo espaço do escritório. Outras despesas antecipadas comuns são: seguro, taxas legais e material de escritório. Quando uma parcela da despesa é de fato utilizada, como um mês de aluguel daquele pré-pagamento de seis meses, ela é registrada, reduzindo a conta de ativo antecipado pelo mesmo valor.

Funciona assim: quando sua empresa paga ao proprietário do imóvel R$ 30.000 por seis meses de aluguel adiantado, você registra um aumento de R$ 30.000 (débito) no aluguel antecipado e uma diminuição de R$ 30.000 (crédito) na conta caixa. No fim do primeiro mês, a empresa terá usado o valor de um mês de aluguel, ou R$ 5.000. O lançamento para registrar a transação aumenta (débito) a despesa de aluguel e diminui (crédito) a conta de aluguel antecipado.

A IMPORTÂNCIA DO CAIXA

O caixa realmente é o mais importante

Em uma empresa recém-aberta ou pequena, dinheiro é o ativo circulante mais importante. De fato, é o ativo mais circulante, pois é 100% líquido. Sem dinheiro em abundância, seu negócio simplesmente não consegue sobreviver. Infelizmente, muitos empresários confundem lucros com dinheiro, pensando que, se estão tendo receita, então têm dinheiro – o que nem sempre é verdade. Aprender como gerenciar com eficácia o seu fluxo de caixa, principalmente no início do negócio, pode significar a diferença entre o sucesso e o fracasso da sua empresa.

Fluindo na direção errada

Empresas de venda de mercadorias geralmente passam por problemas financeiros, pelo menos no início. Isso porque precisam primeiro comprar os produtos (ou a matéria-prima para fabricá-los) – o que quase sempre significa que o dinheiro precisa sair antes de poder entrar.

Mesmo com lucros fantásticos nos livros e a promessa de aumentar as vendas futuras, uma empresa sem dinheiro não consegue ir adiante. Se você não tiver dinheiro suficiente em caixa para pagar as contas, seus fornecedores não mais lhe suprirão com o material de que você necessita para gerar vendas. Se não conseguir pagar seus colaboradores, eles não continuarão trabalhando. O principal motivo pelo qual empresas fecham as portas é porque ficam sem dinheiro. Na verdade, os tribunais de falências estão repletos de pequenos empresários que simplesmente não conseguiam mais arcar com as contas de seus negócios, embora estivessem apresentando lucros.

Felizmente, há muito o que você pode fazer para evitar essa situação terrível. O mais importante é saber como se dá a movimentação do dinheiro no seu negócio. A partir dessa informação, você consegue se antecipar aos déficits, cortando o mal pela raiz. A maneira mais fácil de evitar passar por apertos no caixa é investir dinheiro o suficiente no negócio desde o início; na falta disso, você deve entrar com mais capital ou pegar um empréstimo para cobrir crises temporárias. Empresas recém-abertas costumam gastar mais dinheiro do que dispõem nos primeiros seis meses a um ano, dependendo do tipo de negócio. Na fase de planejamento da sua empresa, seria sensato contar com esse tipo de situação.

EMPRESAS DE VENDA DE MERCADORIAS PASSAM POR DIFICULDADE DE CAIXA

Como já discutimos, para vender mercadorias, sua empresa precisa tê-las disponíveis, e isso geralmente requer um desembolso substancial de caixa. Empresas recém-abertas e pequenas são especialmente vulneráveis a problemas de fluxo de caixa, e manter produtos consome muito dinheiro.

A solução é: dê uma boa olhada no seu estoque. É difícil encontrar o equilíbrio certo entre ter estoque suficiente e não comprometer muito do seu precioso dinheiro nele. Esse equilíbrio só é alcançado com experiência, mas um planejamento cuidadoso (desde os estágios iniciais da estruturação do seu negócio) pode ajudar sua empresa a sair em vantagem. Esse é um daqueles momentos em que contar com os serviços de um contador experiente é inestimável. Ele já terá trabalhado com clientes como você e será capaz de lhe oferecer conselhos e ideias úteis sobre o melhor modo de gerenciar o estoque, principalmente no que se refere ao fluxo de caixa.

NEGOCIE COM OS FORNECEDORES

Do mesmo modo que você deseja que seus clientes paguem o mais rápido possível, você também quer que seus fornecedores lhe forneçam um prazo razoável de pagamento. Administrar o contas a pagar da empresa, em especial se você tiver um negócio de venda de mercadorias, o ajudará a ter um fluxo de caixa mais tranquilo.

Quando sua empresa passa por uma dificuldade de caixa, uma saída é solicitar aos fornecedores que ampliem os prazos de pagamento. Na maioria das vezes, eles negociarão com você; eles querem facilitar o pagamento. Contanto que você siga o combinado, é provável que continuem lhe concedendo o crédito (embora talvez seja mais limitado) de que sua empresa precisa para continuar avançando.

Se o caixa da empresa estiver em boa forma e você puder pagar as contas em dia, ainda poderá esticá-lo até o limite para maximizar o fluxo de caixa. Uma maneira simples de fazer isso é com pagamentos eletrônicos – mesmo quando realizados no último minuto, ainda constam como dentro do prazo.

Quando o fluxo de caixa da empresa está em uma fase positiva, você pode aproveitar alguns descontos de pagamentos antecipados. Se um fornecedor lhe oferecer algo do tipo e sua empresa tiver dinheiro suficiente em caixa, aproveite o desconto. Além de economizar dinheiro, isso também dará à empresa uma boa reputação aos olhos do fornecedor – e ajudará bastante a fazer com que concordem em ampliar o prazo de pagamento em tempos difíceis.

UM OLHAR MAIS ATENTO SOBRE O ATIVO FIXO

De arranha-céus a cadeiras de escritório

Conforme já discutimos, um ativo fixo é qualquer coisa tangível que a empresa possui e que está sendo usada (de alguma maneira) para gerar receitas a longo prazo, com uma vida útil de, no mínimo, um ano. Se você não pode tocá-lo ou se será usado dentro de um ano, não é um ativo fixo. Um ativo fixo também pode ser algo que a empresa venda no curso normal dos negócios. Por exemplo, se ela tem uma van de entregas sendo utilizada no dia a dia, esse veículo é contabilizado como um ativo fixo; mas se a empresa vende vans de entregas, elas são contabilizadas como estoque, e não como ativos fixos.

IMOBILIZADO

Exemplos de ativos fixos são:

- Terreno;
- Edifícios;
- Veículos;
- Maquinário pesado;
- Sistemas de computador;
- Móveis de escritório.

Esses ativos são sempre avaliados pelo custo histórico para fins contábeis. O custo histórico inclui o que a empresa pagou pelo ativo, além de todos os custos de entrega, impostos e instalação. Com frequência, ativos fixos também são chamados de ativo imobilizado ou "propriedade, instalações e equipamento", ou PP&E, na sigla em inglês (*property, plant and equipment*).

Terra à vista!

Na contabilidade, propriedade refere-se a terrenos e edifícios. É a propriedade que você utiliza no curso dos negócios, como, por exemplo, lojas de varejo, prédios de escritórios, armazéns, fábricas, instalações fabris e o terreno em que são construídos. Esses ativos fixos são contabilizados como seus desde que você os possua ou tenha o que é conhecido como arrendamento mercantil.

Em um arrendamento mercantil, a empresa possui essencialmente o ativo, mas na verdade não é a proprietária (lembre-se, isso é apenas para fins contábeis). Para se enquadrar nessa conta, o arrendamento precisa atender a pelo menos um dos requisitos de uma lista, que inclui que o período de arrendamento se estenda por até 75% da vida útil do ativo (por exemplo, dure pelo menos 30 anos em um prédio de 40 anos), ou que a empresa venha a ser proprietária do ativo no fim do período de arrendamento (uma espécie de aluguel para possuir – leasing).

Na categoria propriedade, também entram realização de grandes melhorias e projetos de construção (mesmo em propriedade "própria" por meio de arrendamento mercantil).

Instalações

Instalações só se aplicam a empresas que fabricam algo, ao contrário das que apenas vendem produtos finais. A categoria instalações abrange o tipo de ativos fixos que você encontraria, por exemplo, em uma fábrica ou padaria. Nessa categoria, estão incluídos:

- Maquinário de fabricação;
- Equipamento de linha de montagem;
- Fornos e câmaras frigoríficas;
- Prensas e tornos;
- Máquinas têxteis.

Qualquer coisa que a empresa utiliza para criar ou transformar mercadorias se encaixa em instalações.

Equipamento

Todos os ativos fixos que não se enquadram nas categorias de propriedade e instalações entram no grupo de equipamentos, que inclui coisas como: empilhadeiras, vans de entrega, vitrines, móveis de escritório e sistemas de informática. Esses ativos mantêm a empresa funcionando e são usados em atividades para atrair clientes e gerar vendas (em vez de participar da fabricação em si de produtos para a empresa vender).

A maioria dos ativos fixos dos pequenos negócios se encaixa nessa categoria. Mesmo as empresas que fabricam produtos utilizam esse tipo de equipamento. Ainda que sua atividade se enquadre como microempreendedor individual (pelo menos por enquanto), qualquer ativo fixo que você esteja utilizando para atrair clientes e gerar vendas aparecerá na seção de ativos fixos do seu balanço patrimonial.

DIRETRIZES PARA ATIVOS FIXOS

Ativos fixos exigem mais trabalho que os demais ativos, tanto do ponto de vista de manutenção quanto de uma perspectiva contábil. Ativos fixos mais substanciais, de maquinário pesado a fábricas, costumam exigir muito planejamento (como determinar a sua melhor localização, colocar as instalações em funcionamento e garantir que o pessoal que os manuseará tenha o treinamento certo) e acordos de compra prolongados (como arrendamentos e hipotecas de longo prazo). Além disso, carregam o ônus de serem passivos de longo prazo para a empresa.

Como há muita coisa que pode ser contabilizada como ativos fixos, existem diretrizes que ajudam a lidar com eles para fins contábeis. Algumas delas são oriundas da Receita Federal dos EUA e você deve usá-las ao declarar o imposto de renda da empresa. Outras são provenientes dos Princípios Contábeis Geralmente Aceitos (em inglês, GAAP - *Generally Accepted Accounting Principles*). As regras abrangem desde o que incluir no valor de seu ativo até como calcular depreciação e como registrar contabilmente o descarte de um ativo. Parece que são muitos detalhes, mas, decompostas, essas regras são bastante simples e diretas.

Cálculo do custo dos ativos fixos

É fácil determinar os custos de ativos fixos mais simples, como armários de arquivo, mesas e cadeiras. Quando você acrescenta coisas como pagamento de entrada e descontos, como faria com um veículo de frota, por exemplo, fica um pouco mais complicado contabilizar. A regra básica contábil, porém, é a mesma para todos os ativos fixos que você possui, o chamado princípio do custo. De acordo com esse princípio, você avalia seus ativos fixos com base no que pagou por eles, e não em seu valor de mercado (ou quanto eles "realmente" valem). Inclui todos os custos que você teve para deixar o ativo pronto para funcionamento. Naturalmente, há o valor do próprio ativo, mas você acrescenta outras coisas a ele, como imposto sobre vendas, taxas de entrega, instalação, configuração e treinamento sobre como usar o ativo (algo comum em relação a novos equipamentos).

Acrescentar

Qualquer coisa que você precise fazer em sua propriedade para que o ativo funcione adequadamente entra no custo do ativo. Por exemplo, se o uso de determinada máquina requer uma base de concreto, mas o seu piso é de cerâmica, o custo para colocar uma laje de concreto é contabilizado como parte do custo do ativo.

Colocando em números

Digamos que sua empresa precise de uma rede de computadores instalada antes de seu negócio começar a funcionar. O sistema em si custa R$ 150.000, incluindo hardware e software. A instalação e o treinamento de gestão de rede adicionam mais R$ 32.500 à sua conta. O fornecedor dos computadores oferece um desconto de 5% no sistema se você assinar um contrato de serviço de um ano por R$ 7.500, o que você faz. Há 6% de imposto sobre vendas no sistema e uma taxa de entrega de R$ 1.500. Antes da entrega, porém, você precisa preparar uma sala climatizada para abrigar o servidor, e isso custa R$ 25.000. Você faz um depósito em dinheiro de R$ 2.500 para a sala e outro de R$ 15.000 para o sistema de informática, o preço total do contrato de serviço e o restante é pago em três anos.

Todos esses custos - exceto o contrato de serviço - entram no custo contábil de seu ativo de sistema de informática. Isso faz o valor do seu ativo ser igual a R$ 210.050. O sistema custa R$ 150.000 menos um desconto de 5%, chegando a R$ 142.500. O imposto sobre vendas (a 6%) é de R$ 8.550. Você também adiciona a taxa de instalação de R$ 32.500, a taxa de entrega de R$ 1.500 e os R$ 25.000 para a sala climatizada. Veja como ficariam os lançamentos no diário geral ao inserir as informações em seu software contábil:

ENTRADA NO DIÁRIO GERAL			
DATA	**DESCRIÇÃO DO LANÇAMENTO NA CONTA**	**DÉBITO**	**CRÉDITO**
30/01/2017	Sistema de informática	210.050	
	Contrato de serviço pré-pago	7.500	
	Caixa		25.000
	Empréstimo de longo prazo a pagar		192.550
Sistema de rede de computadores com depósito em dinheiro e empréstimo de três anos, mais contrato de serviço de um ano em dinheiro.			

UMA PALAVRA SOBRE DEPRECIAÇÃO

Qualquer conversa sobre ativos fixos ficaria incompleta sem uma referência à depreciação. Na contabilidade, ela registra a redução virtual no valor do ativo à medida que ele é usado ao longo do tempo. Isso não significa que o ativo necessariamente perca valor real - alguns ativos não perdem e outros podem até se valorizar com o tempo, apesar do desgaste contínuo. Para fins contábeis e fiscais, porém, os ativos se esgotam, e isso é medido em termos de despesa de depreciação periódica.

A conta do ativo, ou melhor, redutora do ativo que retém toda a depreciação vinculada ao imobilizado ao longo do tempo é chamada de depreciação acumulada. A depreciação acumulada é conhecida como uma conta redutora porque, embora se enquadre na categoria de ativo, em que as contas devem ter saldo devedor, essa tem saldo credor. Esse saldo credor é utilizado para compensar o valor dos ativos fixos.

Por exemplo: digamos que sua empresa tenha um único ativo fixo que originalmente valia R$ 50.000, e você o possui há quatro anos. Seu contador lança R$ 5.000 em despesas de depreciação a cada ano. Assim, no fim de quatro anos, a depreciação acumulada seria de R$ 20.000. Agora, o valor contábil líquido do seu ativo fixo seria de R$ 30.000; o custo original de R$ 50.000 menos a depreciação acumulada de R$ 20.000.

PASSIVO CIRCULANTE

Estou lhe devendo

Não importa qual seja o setor, grande parte das empresas deve algo a alguém. O mesmo vale para a maioria das pessoas. Seja fazendo um empréstimo bancário para abrir uma empresa, usando o cartão de crédito empresarial para as despesas ou comprando o estoque de fornecedores a prazo, sua empresa mostrará passivos – dívidas – no balanço patrimonial. Mesmo pegando emprestado de um parente ou amigo o capital inicial do seu negócio, isso ainda será contabilizado como um passivo nos livros da empresa.

Cada centavo que sua empresa deve, não importando a quem ou por qual motivo, é um passivo. Dever a alguém um produto (como uma assinatura de revista) ou um serviço (uma cobertura de seguro, por exemplo) também é contabilizado como um passivo. E isso vale para suas finanças pessoais, em que os passivos vão desde sua conta de luz aos saldos do cartão de crédito e ao financiamento da casa. Todo o dinheiro que você deve aos credores é contabilizado como um passivo.

Embora não existam tantos tipos de passivos quanto há de ativos, os passivos também são divididos em grupos, seja para fins pessoais ou comerciais. Em suas contas, você terá passivos circulantes e passivos de longo prazo. O que diferencia esses dois é o prazo de pagamento: qualquer dívida que vença em um ano é contabilizada como circulante, e a que se estende por mais de um ano vai para o grupo de longo prazo. Na maioria dos casos, os passivos circulantes surgem das atividades comerciais diárias (como compra de estoque a prazo ou de mantimentos com cartão de crédito), e os passivos de longo prazo (que discutiremos com mais detalhes na próxima seção) geralmente são empréstimos (incluindo financiamentos de imóveis e de automóveis).

Muitos dos passivos circulantes que sua empresa deve são aqueles que surgem no curso natural dos negócios. A compra de estoque a prazo gera dívidas do contas a pagar, por exemplo. O pagamento de funcionários gera obrigações fiscais sobre a folha de pagamento. Por outro lado, a maioria dos passivos de longo prazo (exceto empréstimos para empresas recém-abertas) surge como resultado de compras de ativos fixos ou expansões de negócios, que não costumam ser ocorrências diárias no funcionamento da empresa.

"Contas a pagar" significa passivo

Se você analisar uma lista de contas comerciais, notará que a maioria das contas de passivo possui em seu nome a expressão "a pagar". A outra parte do título da conta determina qual passivo será pago, como "imposto sobre vendas a pagar". A nomenclatura mais geral utilizada é contas a pagar, que se refere ao montante que você deve aos fornecedores.

Para empresas de venda de produtos, grande parcela do passivo é composta por empréstimo comercial e contas a pagar. Prestadoras de serviço, como escritórios de advocacia e empresas de limpeza geralmente têm menos dívidas, pois o custo para iniciar suas atividades é menor e não precisam manter estoques. As dívidas desse tipo de empresa tendem a ser na forma de prestação de serviço paga antecipadamente; um bom exemplo disso seria um advogado cujo contrato prevê remuneração mensal. Esses passivos geralmente adotam nomenclaturas como "receita não realizada" e quase sempre pertencem à categoria de passivos circulantes.

MUITAS OBRIGAÇÕES FISCAIS

Analise a lista de passivos circulantes de qualquer empresa e você encontrará pelo menos uma - provavelmente mais - dívida fiscal. Isso porque as transações cotidianas geram impostos, a maioria dos quais não será paga na hora. Os passivos fiscais mais usuais que uma empresa comum deve contabilizar são:

- Imposto sobre venda de mercadorias e serviços (ICMS e ISS), gerados ao se vender produtos tributáveis;
- Imposto retido na fonte a pagar; o valor dos impostos federais e estaduais que você deduziu dos holerites dos colaboradores;
- INSS a pagar; o "lado do empregador" dos impostos sobre a folha de pagamento da Previdência Social;
- FGTS a pagar; uma espécie de poupança compulsória do trabalhador, que pode ser sacada em casos específicos, como demissão e entrada da casa própria;
- IPTU; imposto sobre quaisquer propriedades, terrenos ou edifícios, que a empresa possui;
- Imposto de franquia (nos EUA), que alguns estados cobram com base no patrimônio líquido de uma empresa;
- Imposto sobre receitas brutas (nos EUA); outro imposto cobrado por alguns estados, este sobre a receita bruta de uma empresa.

Os proprietários de pequenas empresas que não forem constituídas como corporações também terão de pagar o INSS sobre o pró-labore, somando o valor que seria retido se você fosse um funcionário com o valor que o empregador pagaria. Isso não aparece no balanço patrimonial da empresa, mas apareceria em um balanço patrimonial pessoal (que pode ser necessário se você estiver solicitando um empréstimo comercial ou pessoal).

DINHEIRO NÃO É TUDO O QUE SUA EMPRESA DEVE

Além de dinheiro, é bem capaz que sua empresa deva mercadorias ou serviços para os clientes. Esse passivo surge quando você recebe antecipadamente por algo e tem a obrigação legal de cumprir sua parte do acordo ou devolver o dinheiro. Até que você complete sua parte do negócio, seja prestando serviços ou entregando produtos, existirá um passivo nos livros contábeis da empresa. Na maioria das vezes, a receita não realizada corresponde ao passivo circulante.

Qualquer tipo de empresa é passível de ter receitas não realizadas. Exemplos comuns disso são: um advogado que recebe por meio de contrato mensal, mas ainda não trabalhou por aquele valor; uma loja de varejo que permite que os clientes programem suas compras (*layaway plan*); e um empreiteiro que recebe uma entrada antes de iniciar o trabalho. Em cada um desses casos, a empresa recebe o dinheiro antecipadamente, antes que a transação seja finalizada, o que significa que a empresa ainda deve algo ao cliente e está contratualmente obrigada a fornecer aquilo que deve.

Ao cumprir sua parte no negócio, a receita não realizada se transforma em receita normal. Se você executar apenas parte do serviço ou entregar apenas alguns dos produtos, somente uma parte da receita será transformada em receita normal.

PASSIVO DE LONGO PRAZO

Para sempre em sua dívida

O passivo de longo prazo é um pouco mais complicado que seus primos de curto prazo. Primeiro, todos os passivos de longo prazo (mesmo os pessoais) têm um componente circulante, a parte que deve ser paga no próximo ano. No balanço patrimonial da empresa, a parcela do passivo de longo prazo que será paga no próximo ano é transferida para o passivo circulante. Em segundo lugar, ao contrário do passivo circulante padrão, a dívida de longo prazo possui juros, que, por si só, é outro passivo.

Em suas finanças pessoais, talvez você tenha lidado (ou esteja lidando) com dívidas de longo prazo, em geral na forma de financiamento de imóveis e empréstimos para compra de automóvel. Esses passivos possuem prazos fixos (costumam ser de trinta anos para financiamento de imóveis e cinco anos para carros), taxas de juros específicas (fixas ou ajustáveis) e um cronograma de pagamentos a serem realizados periodicamente ao longo do empréstimo. Funciona quase que da mesma maneira para empresas, mudando um pouco no caso de arrendamentos mercantis e títulos de longo prazo (que apenas aparecem nos balanços patrimoniais de empresas maiores).

PARA SUA PEQUENA EMPRESA

Assim como acontece em um nível pessoal, as pequenas empresas muitas vezes assumem dívidas de longo prazo para financiamento de imóveis e carros, mas também para máquinas e equipamentos. É um procedimento bastante padronizado, com garantias embutidas (o próprio ativo). Muitos pequenos empresários, porém, precisam de mais ajuda e solicitam empréstimos para abrir ou expandir seus negócios, na esperança de que algum banco assuma o risco. É bem difícil encontrar esse tipo de financiamento, mas felizmente nos EUA há um modo de aumentar suas chances: entra em ação a agência governamental SBA, ou Small Business Administration (Administração de Pequenas Empresas).[24]

A SBA existe para auxiliar pequenas empresas, e o financiamento é uma maneira muito importante de oferecer orientação e assistência. Com diferentes programas para cada situação, a SBA trabalha em conjunto com bancos, a fim de ajudar na ampliação das opções de financiamento para abertura e na expansão de pequenas empresas. A SBA pode ajudá-lo mesmo quando você já teve seu financiamento negado por um banco. Se você atender a todos os requisitos, a agência garantirá pelo menos parte do empréstimo, facilitando o caminho para credores preocupados darem um salto de fé em favor de sua empresa.

Os empréstimos da SBA oferecem uma vantagem

A SBA tem três programas básicos de empréstimo: o 7(a) é o mais básico e pode ser usado para iniciar, comprar ou expandir uma pequena empresa. O empréstimo 504 fornece financiamento de taxa fixa para grandes compras de ativos fixos. O programa de microcrédito oferece empréstimos de até 50 mil dólares para pequenas empresas elegíveis. Para saber mais, visite www.sba.gov.

PARA INVESTIDORES

Comparadas às pequenas empresas, as grandes corporações possuem mais tipos de passivos de longo prazo. Se você deseja investir

24 Durante a pandemia de covid-19 foi criado no Brasil o Programa Nacional de Apoio às Microempresas e Empresas de Pequeno Porte (PRONAMPE) para financiar o capital de giro de pequenas empresas com empréstimos. O Banco Nacional de Desenvolvimento Urbano e Social (BNDES) também tem linhas de financiamento para pequenos empresários. Ademais, o Serviço Brasileiro de Apoio às Micro e Pequenas Empresas (SEBRAE) oferece capacitação técnica para pequenos e médios empreendedores, ofertando cursos e formação técnica. [N.R.T]

em um grande negócio, é importante conhecer não só a variedade e os valores desses passivos de longo prazo, como também suas finalidades. Além daqueles passivos sobre os quais já falamos, é possível encontrar no balanço patrimonial corporativo:

- **Títulos a pagar a diretores ou acionistas (*notes*):** é quando diretores e acionistas proprietários colocam dinheiro na empresa sem comprar ações. Quando os títulos (que são acordos de empréstimo, como promissórias formais) são pagos, os juros são dedutíveis do imposto da empresa, enquanto os dividendos não seriam;
- **Títulos a pagar (*bonds*):** em alguma ocasiões, as corporações emitem títulos, ou *bonds*, ou, ainda, debêntures (dívidas de longo prazo vendidas ao público e usadas para expansões e aquisições) para obter financiamento em vez de emitir mais ações (o que dilui a propriedade). Esses *bonds* podem ser emitidos para um grupo específico de investidores ou para o público em geral;
- **Obrigações de arrendamento de capital:** são contratos de arrendamento de longo prazo sobre os principais ativos fixos, como máquinas de produção ou edifícios. Embora os ativos arrendados não sejam tecnicamente de propriedade da corporação, aparecem na seção de ativos fixos do balanço patrimonial;
- **Benefícios de aposentadoria a pagar:** se uma corporação oferece um plano de pensão, o dinheiro que deve pagar aos aposentados atuais e futuros é um passivo corporativo;
- **Passivos contingentes:** os passivos contingentes são possibilidades e não negócios feitos, de modo que aparecem nas notas explicativas das demonstrações financeiras, em vez de no balanço patrimonial. Incluem ações judiciais não resolvidas e garantias pendentes (promessas de reparar ou substituir produtos defeituosos). Por exemplo, se uma empresa vendeu uma geladeira com garantia de dois anos, teria que arcar com a possível despesa de cobrir quaisquer reparos ou substituições necessárias até o término do prazo de dois anos.

Os títulos a pagar (*notes* e *bonds*) são dívidas de financiamento, o que significa que são usados para financiar planos de expansão e aquisições (como novas fábricas ou outras empresas) e têm juros a pagar sobre os saldos do principal original. As obrigações de arrendamento de capital e benefícios de aposentadoria a pagar são passivos operacionais, surgindo, assim, da atividade normal dos negócios.

Os passivos totais de uma empresa compensam seus ativos totais, formalizado na equação contábil, para determinar o patrimônio líquido dessa empresa – quanto ela realmente vale.

PATRIMÔNIO LÍQUIDO

É meu, todo meu

Ao iniciar um negócio, é provável que você (juntamente com outros proprietários) invista alguns de seus próprios ativos na empresa. Esses serão os primeiros lançamentos em sua conta de patrimônio líquido e os responsáveis por colocar a empresa em andamento. Adicionar recursos à empresa é uma maneira de fortalecer a conta de patrimônio, independentemente da origem desse investimento: você, seus sócios ou investidores silenciosos.

Qualquer ativo que você investir pessoalmente na empresa aumenta sua participação acionária. O ativo mais comum nesses casos é o dinheiro, mas todos os outros ativos pessoais usados exclusivamente pela empresa também contam: desde um laptop até um galpão ou uma caminhonete que passe a ostentar o logotipo da empresa. Para ativos importantes como essa caminhonete, por exemplo, é importante transferir a titularidade do bem para a empresa, a fim de evitar problemas no futuro, como o questionamento da propriedade pela Receita Federal (afinal, você não pode aplicar despesas de depreciação em um veículo pessoal).

Patrimônio líquido negativo

Não é incomum que o patrimônio líquido de empresas recém-abertas fique negativo após um ou dois anos de atividade. Isso acontece quando as perdas iniciais são maiores do que o investimento de capital inicial. Essa situação indica que a empresa está com dificuldades, mas é possível reverter o quadro com ideias viáveis para aumentar as receitas.

O patrimônio líquido representa o quanto da empresa é realmente seu e não devido para outra pessoa. É semelhante ao que acontece com uma casa hipotecada nos Estados Unidos: a casa até é sua, mas o banco também tem participação no imóvel, na forma de hipoteca. Seguindo esse exemplo, a casa é o ativo, a hipoteca é o passivo e a parte da casa que você realmente possui (a diferença entre seu valor e o saldo pendente da hipoteca) é o patrimônio. Também funciona assim nos negócios. Você tem seus ativos, deve seus passivos e possui sua participação acionária.

DIVISÃO DO PATRIMÔNIO LÍQUIDO

A principal divisão entre as contas patrimoniais, comum a todos os tipos de empresas, tem com base a movimentação do capital. Existem:

- Entradas de capital: quando os proprietários investem mais de seu próprio dinheiro na empresa;
- Retiradas de capital: quando os proprietários retiram dinheiro da empresa, mas não como pró-labore regular;
- Lucro ou prejuízo atual: que se torna parte permanente da conta de patrimônio. Lucros aumentam o patrimônio líquido, enquanto os prejuízos o diminuem.

A melhor maneira de aumentar o patrimônio líquido de uma empresa é manter dentro dela parte dos lucros obtidos. Muitos pequenos empresários, porém, gostam de retirá-los. Afinal, pagaram impostos sobre aquele montante e desejam desfrutar dos benefícios do dinheiro que ganharam. No entanto, se você planeja expandir sua empresa, deixar uma parcela do lucro no próprio negócio é uma ótima iniciativa nessa direção. Agindo assim, sua empresa também se tornará mais atraente para possíveis credores, pois os bancos são mais propensos a conceder empréstimo quando percebem que há um patrimônio substancial em jogo.

QUAL É O TIPO DE PATRIMÔNIO?

Quando se trata de negócios, o patrimônio tem uma característica particular. Embora ele se refira à propriedade, não importando o tipo de empresa, as contas utilizadas dependem inteiramente da estrutura do negócio. As diferentes estruturas de negócios são:

- Empresas individuais;
- Parcerias;
- Sociedades de responsabilidade limitada (LTDAs);
- Corporações S;
- Corporações C.

A estrutura da empresa determina como o patrimônio líquido é apresentado para fins contábeis e quais tipos de contas patrimoniais aparecem em seus livros.

Nos EUA (e no Brasil também), as empresas individuais e as sociedades têm uma conta de patrimônio (ou capital) separada para cada proprietário, e uma conta de retirada correspondente para cada um. A conta de patrimônio do proprietário é uma conta permanente, e as contribuições são feitas diretamente para essa conta. As contas de retirada são temporárias e lançadas na conta de patrimônio do proprietário no fim do período contábil, juntamente com o lucro ou prejuízo líquido desse período.

As corporações não têm contas de patrimônio diretamente voltadas para proprietários individuais. Em vez disso, possuem contas para cada tipo de ação que emitem para representar o capital aportado, mais uma conta especial chamada de "capital integralizado adicional" (para contribuições maiores que o valor nominal da ação). Ao contrário das empresas individuais e parcerias, nenhuma outra conta é incluída nestas. Os lucros no fim do período são mantidos na conta de lucros acumulados. As retiradas dos proprietários são mais formais e só existem na forma de dividendos, cuja conta é temporária e convertida em lucros acumulados no fim do período.

UM DEMONSTRATIVO ESQUECIDO ESCLARECE AS COISAS

Além das três grandes demonstrações financeiras (o balanço patrimonial, a demonstração de lucros e prejuízos e a do fluxo de caixa), há um quarto relatório menos utilizado: a demonstração das mutações do patrimônio líquido. Esse relatório informa sobre o crescimento (ou a diminuição) do patrimônio líquido durante o período fiscal (o mesmo utilizado para a demonstração de lucros e prejuízos).

Esse demonstrativo curto e simples começa com o valor de abertura do patrimônio do proprietário (seja qual for a forma assumida) desde o início do período. Em seguida, lista as mudanças ocorridas no patrimônio líquido, somando os aumentos (lucros líquidos e aporte de capital) e subtraindo as diminuições (perdas e retiradas do proprietário). A última linha do demonstrativo apresenta o saldo atual do patrimônio do proprietário. O relatório mostra um quadro completo do real valor do negócio, seu patrimônio líquido, cujo melhor modo de ser aumentado é por meio dos resultados das operações da empresa, na forma de lucros (é o que se espera).

Capítulo 5:

Receitas, custos e despesas

Proprietários de empresas recém-abertas e pequenas empresas costumam acompanhar de perto as contas relacionadas ao lucro. Há um bom motivo para isso: sem lucros consistentes, nenhum negócio sobrevive a longo prazo. Três itens são utilizados para calcular os lucros: receitas, custos e despesas. Todas as empresas têm receitas (é o esperado) e despesas (sem dúvida). Somente os negócios de venda de mercadorias possuem custos. Na equação do lucro, você começa com as receitas e depois deduz custos e despesas. Quando o resultado é positivo, você teve lucro no período; quando é negativo, prejuízo.

Nessa equação, uma empresa de venda de produtos e, portanto, com custos, mostra um subtotal adicional e fundamental: o lucro bruto (quando expresso em porcentagem, chama-se margem bruta). Esse número representa a receita excedente após o desconto dos custos diretos da mercadoria vendida. O lucro bruto informa quanto você tem disponível para o restante de suas despesas, de preferência deixando algum lucro líquido no fim.

Neste capítulo, você aprenderá tudo o que precisa saber sobre receitas, custos e despesas, desde a precificação adequada até o monitoramento e gerenciamento dos custos dos produtos e o acompanhamento das despesas operacionais diárias. O modo como a empresa administra esses três componentes determina se terá lucros líquidos ou se sofrerá prejuízos líquidos.

RECEITAS

Vamos fazer negócios

O objetivo de toda pequena empresa é acumular receitas (ou seja, vendas). Afinal, elas são o primeiro passo rumo aos lucros. No entanto, o lançamento de receitas para fins contábeis não é tão simples quanto apenas registrar uma venda. Há diferentes tipos de transações comerciais e diferentes métodos contábeis. Diante de tantas variáveis, contabilizar pode parecer algo complicado, mas o lançamento de cada transação envolve somente alguns passos básicos para, assim, aproximar sua empresa cada vez mais da lucratividade.

Antes de registrar uma transação, porém, você precisa ter algo para vender, definir preços e atrair possíveis clientes. Aqui você aprenderá como fazer tudo isso.

O PREÇO CERTO

É preciso dois componentes para descobrir o seu lucro bruto (também chamado de margem bruta). O primeiro é o valor que você cobra pelo produto e o segundo é o valor pelo qual você o comprou de seu fornecedor, ou o que custa em tempo e esforço para prestar um serviço. A diferença entre preço e custo é o lucro bruto.

Embora você tenha algum controle sobre os custos, como trocar de fornecedor ou revisar a folha de pagamento, esse controle é um pouco limitado. Em contrapartida, você estabelece os preços a seu critério. Quanto maior a diferença entre eles e o custo, maior será o lucro bruto. O truque é deixá-los o mais alto possível sem assustar os clientes; afinal, vender a preços um pouco mais baixos é melhor do que não vender nada.

Para descobrir os valores das despesas gerais e dos lucros em suas vendas, você pode dividir o lucro bruto pelas vendas para calcular a porcentagem de margem bruta. Segue um exemplo: suponha que suas vendas mensais sejam R$ 100.000 e os custos, R$ 75.000. Isso lhe rendaria um lucro bruto de R$ 25.000 (R$ 100.000 menos R$ 75.000). Agora, pegue o lucro bruto de R$ 25.000 e divida-o pelas vendas de R$ 100.000 para obter a porcentagem de margem bruta; nesse caso, 25%. Ou seja: 25% de cada real vendido está disponível para cobrir todas as despesas da empresa.

As porcentagens de margem bruta tendem a variar muito por setor. Alguns possuem margens muito altas, de mais de 50%; outros trabalham com margens bem apertadas: de 10 a 15%. É algo que realmente depende da mercadoria vendida e de quanto os clientes estão dispostos a pagar por ela. Por exemplo, a margem de itens de luxo costuma ser muito maior do que a de mantimentos.

Se você está em um setor de margem baixa, não poderá estabelecer preços muito acima dos custos ou correrá o risco de perder vendas. Nesse caso, ficar de olho nas despesas é uma boa maneira de assegurar a rentabilidade da sua empresa. Outro caminho para obter lucros é gerar um volume alto de vendas, mas isso pode ser mais difícil de conseguir. Em especial para empresas recém-abertas ou pequenas, gerenciar com rigor as despesas fará toda a diferença entre lucros e prejuízos.

NOÇÕES BÁSICAS DE TRANSAÇÕES DE VENDAS

As receitas da sua empresa aumentam a cada venda realizada, e contabilizar isso aproxima você de ver lucros líquidos. Todas as transações comerciais têm uma coisa em comum do ponto de vista contábil: um lançamento de crédito na conta de vendas. O restante pode variar de acordo com as particularidades de cada venda. O software contábil facilitou a nossa vida nesse aspecto; na verdade, a maioria dos detalhes da transação é invisível para você. No entanto, compreender como as coisas funcionam nos bastidores lhe dará informações valiosas sobre como melhor administrar as suas vendas.

Por exemplo, o modo como sua empresa realiza as vendas impacta as transações. As vendas podem ser feitas à vista, resultando em um débito no caixa; ou a prazo, resultando em um débito no contas a receber. Depois, há o fator "tempo" a considerar: as empresas que usam o regime de caixa somente registram as vendas quando o dinheiro realmente é recebido, enquanto as empresas que usam o regime de competência lançam as vendas no momento em que acontecem, independentemente do pagamento. Por fim, se seu negócio vende produtos, o método de inventário adotado por você também desempenha um papel importante nas transações. Se sua empresa utiliza um sistema de inventário permanente (em que você subtrai cada item da conta de estoque assim que o vende, o que faz sentido se você estiver vendendo mercadoras exclusivas, tiver estoque limitado ou usar software de leitura de código de barras para registrar cada venda), cada registro de venda de um produto deve ter um lançamento correspondente de custo das mercadorias vendidas. No entanto, em um sistema de inventário periódico (em que você só faz lançamentos na conta de estoque periodicamente como, por exemplo, uma vez por mês), nenhum lançamento de custo de mercadorias é registrado durante o período contábil, resultando em uma transação de vendas de entrada única. Esse método faz mais sentido para empresas com estoque muito grande ou que vendem produtos indistinguíveis (como pregos e parafusos).

O fator decisivo

Lembre-se de que empresas que possuem estoque, em geral, devem adotar o regime de competência. Mesmo que o seu negócio venda bens e serviços, o método de gerenciamento de estoque é o fator decisivo. Assim, todas as vendas – mesmo aquelas que não envolvam estoque – precisam ser registradas, independentemente de você já ter recebido o valor referente a elas ou não.

As variáveis do método (sistema de inventário e regime contábil) são fatores estáveis. Depois de escolher um método, é ele quem sempre vai determinar os lançamentos. Por exemplo, se você utiliza o regime de caixa, não pode registrar uma venda até que seja paga. Em um sistema de inventário permanente, você precisa lançar o custo de mercadoria da transação para cada item do estoque que vender. A questão de caixa ou crédito pode variar, pois depende das transações reais de vendas.

RECOLHIMENTO DE IMPOSTO SOBRE VENDAS[25]

Se você comercializa mercadorias, é provável que precise lidar com imposto sobre vendas. Na verdade, mesmo que você apenas preste serviços, ainda precisará lidar com esse imposto, embora nos EUA esses casos sejam mais a exceção do que a regra. Seja como for, o imposto sobre vendas costuma ser bastante simples e direto: você o cobra dos clientes e depois encaminha para o estado juntamente com uma breve declaração. Os requisitos desse imposto variam de estado para estado e, às vezes, estão vinculados às receitas totais, mas muitos exigem envios mensais ou trimestrais.

25 No Brasil, dependendo das características de cada produto, a forma de tributação é diferente. Existem dois impostos fundamentais que incidem sobre a venda de produtos e serviços que o consumidor paga embutidos no preço final: 1) Imposto sobre Circulação de Mercadorias e Prestação de Serviços de Transporte Interestadual e Intermunicipal e de Comunicações (ICMS), que incide sobre o café, os alimentos, os combustíveis, a energia elétrica, o smartphone e praticamente qualquer outra coisa que você possa comprar. É de competência estadual, ou seja, cada estado define qual porcentagem cobrar, e 2) o Imposto Sobre Serviços de Qualquer Natureza (ISS), que incide sobre serviços prestados por advogados, contadores, professores etc., e é de competência municipal, isto é, cada município define a porcentagem a ser cobrada. Além dos impostos citados, dependendo do ramo da empresa, há a tributação da Contribuição para o Financiamento da Seguridade Social (COFINS) e do Programa de Integração Social (PIS), ambos impostos federais. [N.R.T]

O efeito do imposto sobre vendas

O imposto sobre vendas é de competência estadual e você pode saber mais sobre seus requisitos aplicáveis entrando em contato com a secretaria de arrecadação de receitas de seu estado. Eles lhe informarão quais mercadorias estão sujeitas ao imposto sobre vendas, o valor a ser recolhido, quais formulários preencher e quando enviar as informações fiscais.

Do ponto de vista contábil, o imposto sobre vendas que você recebe dos clientes, embutido nos preços que cobra, não tem nada a ver com receitas, e o que você paga ao estado não tem nada a ver com despesas. Sim, você cobra o imposto sobre vendas como parte de uma transação de venda, mas essa parte da transação não tem qualquer impacto em sua demonstração de lucros e prejuízos. Na verdade, essa transação de balanço patrimonial afeta apenas duas contas: imposto sobre vendas a pagar e caixa. No momento da venda, você debita a conta caixa e credita o imposto sobre vendas a pagar como parte da transação geral de venda; quando você realiza o pagamento do imposto, debita a conta imposto sobre vendas a pagar e credita a conta caixa, assim como faria com qualquer outra conta a pagar.

Desse modo, o imposto sobre vendas a pagar fica registrado no momento da venda; e deve ser pago de acordo com as normas estaduais, o que acontece a despeito de sua empresa ter recebido ou não do cliente.

CAIXA *VERSUS* CRÉDITO

Pagar agora ou depois?

Há duas grandes diferenças entre vendas à vista e vendas a prazo: tempo e risco. Na primeira, você é pago imediatamente com dinheiro, cheque ou cartão de crédito; na segunda, a sua empresa concede crédito, então recebe uma promessa de que será paga em algum momento no futuro. Vendas à vista oferecem riscos variados, desde nenhum, quando o pagamento é em espécie, a possíveis riscos em vendas com cartão de crédito e cheques. Além disso, existe a possibilidade de perder uma venda, ou até mesmo um novo cliente, pois muitos apenas comprarão se puderem pagar depois. Por exemplo, se sua pequena empresa comercializa cartões de visita e folhetos para outras pequenas empresas, talvez essas queiram pagamento para 30 dias; se você não oferecer esse prazo e insistir em pagamento adiantado, é capaz de perder o negócio. No entanto, nas vendas a prazo, você corre o risco de o cliente não pagar em dia ou, pior, não pagar nada.

Para alguns novos empresários, é tentador conceder crédito indiscriminadamente a fim de atrair clientes e aumentar as vendas para decolar o negócio. Outros têm medo de conceder crédito e só vendem à vista, tencionando garantir que terão dinheiro suficiente para cobrir as despesas no vencimento. Depois de algum tempo no mercado, os dois estilos costumam se fundir, resultando uma combinação de dinheiro-crédito. Por exemplo, você pode oferecer a um cliente o seguinte tipo de pagamento para uma campanha publicitária: 50% adiantado e o saldo 30 dias após a entrega do serviço.

VENDAS SIMPLES À VISTA

As vendas à vista – ou seja, aquelas em que o cliente paga de imediato, mesmo com cheque ou cartão de crédito – são mais fáceis de lançar do que as vendas a prazo, e por duas razões diferentes:

1. Primeiro, você não precisa se preocupar em registrar a transação em uma conta específica do cliente dentro da conta geral;
2. Segundo, não há uma segunda etapa para a transação (com vendas a prazo, você deve registar também quando o dinheiro finalmente entrar).

Além disso, não importa se você usa o regime de competência ou o de caixa. Quando você tem uma transação direta em dinheiro, você a lança ali mesmo.

Mantendo as coisas simples

A maneira mais fácil de controlar suas vendas à vista é depositar cada centavo que você recebe, seja o cliente pagando com dinheiro, cartão de crédito ou cheque. Desse modo, suas receitas serão iguais aos seus depósitos, o que simplifica a manutenção dos registros.

No passado, as vendas à vista eram lançadas em um diário gigante no fim de cada dia. Agora, com a informatização, as vendas com cartão de crédito e cheques são registradas em programas e aplicativos automaticamente à medida que acontecem; somente as em dinheiro precisam ser contabilizadas manualmente. Seu software contábil tem um diário especial para essas transações denominado, como era de se prever, diário de caixa.

Para manter a contabilidade o mais simples possível, certifique-se de que os recibos de depósito correspondam exatamente às entradas do diário. Se você registrar R$ 4.310 em vendas à vista na segunda-feira, deposite R$ 4.310 na terça-feira. Assim você tem uma trilha facilmente rastreável de suas vendas até seus depósitos bancários, o que pode ser útil caso surjam dúvidas.

VENDAS A PRAZO

Quando você concede crédito, há um período entre o momento da venda e o do pagamento. Por natureza, vendas a prazo permitem que os clientes comprem agora e paguem depois. Você apresentará ao cliente uma fatura detalhando a transação, e o cliente fará a promessa implícita de efetuar o pagamento em alguma data posterior combinada.

O lançamento básico, a ser registrado em seu diário de vendas, é bastante simples: um débito no contas a receber e um crédito em vendas. Ao contrário das vendas à vista, você não lança as a prazo de uma só vez; essas precisam ser registradas individualmente para que você possa contabilizar as compras de cada cliente.

No programa contábil que você utiliza, há um livro-razão de clientes, também chamado de livro auxiliar de contas a receber, que permite acompanhar as contas de clientes individuais. A soma de todos os saldos de clientes individuais é mantida (e deve ser igual ao saldo) na conta principal de contas a receber no livro-razão geral.

RECIBOS *VERSUS* FATURAS

Seja oferecendo crédito ou vendas à vista, ao concluir uma transação comercial, você precisa registrá-la. Em uma venda à vista, o documento de origem padrão (no qual constam os detalhes da transação) é a nota fiscal, que contém informações como data, valor e descrição do item vendido. Em vendas a prazo (lembre-se: não se refere às com cartão de crédito; essas são tratadas como vendas à vista), o documento de origem é uma fatura. As faturas possuem as mesmas informações que as notas fiscais e outras mais, como:

- Nome do cliente e informações de contato;
- Número da conta do cliente;

- Condições de crédito e data de vencimento;
- Número do pedido de compra do cliente (quando aplicável);
- Número da fatura.

O uso de notas fiscais e faturas numeradas em ordem ajuda a manter os lançamentos corretos.[26] Além disso, facilita muito o controle, tanto ao gerar a fatura, quanto no fim da transação.

Quer sua empresa receba em espécie de imediato ou conceda crédito, cada venda realizada aumenta a conta de receita. E todos os custos de produtos e despesas de vendas envolvidos nessa transação também devem ser contabilizados.

E também há o extrato do cliente

O extrato do cliente é um documento com informações resumidas da conta desse cliente. Inclui uma lista de todas as transações do período, como novas faturas e pagamentos recebidos. O extrato termina com um saldo devedor, que é o valor total que você espera receber desse cliente.

26 Notas ficais são, geralmente, eletrônicas e emitidas por meio de plataformas conectadas aos sistemas das autoridades responsáveis pela arrecadação de impostos. [N.R.T]

A CONEXÃO CUSTO-ESTOQUE

Da prateleira para a sacola de compras

Quer você seja um fabricante, um atacadista ou um varejista, sua empresa comercializa algum tipo de mercadoria. Ao vender produtos de qualquer natureza, primeiro você precisa fabricá-los ou comprá-los. Os produtos que você tem em mãos, aqueles que pretende vender diretamente aos seus clientes, compõem o seu ativo de estoque. O estoque pode incluir mercadorias finais (como uma mesa), matérias-primas (como madeira para fazer a mesa) ou qualquer coisa intermediária. Se sua empresa cria produtos, você é um fabricante, e seu estoque precisa passar por algumas etapas antes de chegar à área de vendas.

Custos são despesas?

É comum confundir custos e despesas; afinal, parecem ser a mesma coisa. Na contabilidade, os custos referem-se à quantia que você gasta para comprar ou fabricar um produto que planeja vender para outra pessoa. As despesas, por outro lado, existem independentemente de você comprar, fabricar ou vender qualquer coisa.

Assim que você vende um de seus produtos, ele deixa de fazer parte de seu estoque e se transforma em um tipo especial de despesa conhecida como custo de mercadorias vendidas. Nesse momento, também acontece a transformação de um item do balanço patrimonial em uma peça do quebra-cabeça do demonstrativo de lucros e prejuízos. Na contabilidade, porém, a conversão do estoque em custo de mercadorias vendidas nem sempre aparece nos livros de imediato, depende do sistema de inventário utilizado.

Neste capítulo, você aprenderá tudo sobre como o custo das mercadorias o ajuda a definir seus preços, o que deve compor a categoria de custo e as quatro maneiras diferentes de calcular o valor do seu inventário, uma vez que você saiba quanto tem em mãos.

OS CUSTOS AJUDAM VOCÊ A DEFINIR PREÇOS

Ao comercializar mercadorias, você precisa conhecer os custos de estoque antes de definir preços. Esses custos devem ser pontos de partida, mas muitos novos empresários os usam apenas como base para precificação. Descobrir todos os custos do que está sendo vendido pode ser uma tarefa difícil e demorada, o que leva muitos proprietários de pequenas empresas a trabalhar com estimativas. No entanto, não conhecer os verdadeiros custos pode resultar em preços significativamente mais baixos de produtos e serviços, o que, em última análise, leva a perdas e até à falência da empresa.

Estes são os três fatores a serem considerados ao se precificar um bem:

1. O custo imediato do que você está vendendo;
2. Uma parte de suas despesas de vendas e das despesas gerais;
3. Um lucro excedente razoável para você.

Segue um exemplo de como esses três aspectos influenciam os preços. Suponhamos que você compre um abajur por R$ 250 e pretenda vendê-lo. Você vai anunciar a mercadoria, armazená-la em algum lugar, contar com um colaborador para efetuar a venda, colocar o abajur em uma sacola de compras e arcar com as despesas gerais (como energia elétrica). Portanto, você precisa descobrir uma proporção adequada desses custos, digamos R$ 20 por abajur (um número inventado) para adicionar ao custo real do produto de R$ 250. Além disso, você precisa acrescentar um lucro razoável para que sua empresa possa ganhar dinheiro; digamos R$ 25 por abajur. Assim, o valor de venda de cada abajur será R$ 295. Se você deixar de fora qualquer um desses fatores, perderá dinheiro ou não obterá lucro.

Ao calcular esses valores, inclua todos os custos dos produtos a serem vendidos. Quanto ao lucro líquido desejado, que são o motivo principal das vendas, acrescentar uma porcentagem razoável de acordo com o seu setor de atividade é um bom ponto de partida. Por exemplo, quem comercializa vestidos de grife exclusivos terá uma porcentagem de lucro maior em cada venda individual do que aquele que vende galochas de tamanho único.

Até quanto você pode baixar o preço?

Piso de preço é o valor mínimo que você pode atribuir a algo sem sofrer perdas em cada venda. Já teto de preço é o valor máximo aceitado pelo mercado. Em geral, o preço que você cobra pelos seus produtos ou serviços fica em algum ponto entre os dois.

O QUE ENTRA NOS CUSTOS DE ESTOQUE?

O objetivo de ter estoque é vendê-lo e, portanto, ganhar dinheiro. Para lucrar com a venda de seu estoque, você precisa saber quanto realmente custa a produção de cada item e, assim, definir os preços de acordo. Caso contrário, você acabará perdendo dinheiro em cada mercadoria vendida.

Para varejistas e atacadistas que comercializam produtos finais, não é muito difícil descobrir o custo total, embora seja um pouco mais complicado do que você imagina. Os fabricantes – empresas que fazem os produtos a partir do zero – precisam fazer muito mais contas para chegar ao real custo de estoque.

Varejistas

No comércio varejista, você compra mercadorias de seus fornecedores e as vende como estão para os clientes. Se vierem acondicionadas em uma caixa, você as vende na caixa; se vierem na cor azul, você as vende na cor azul. Ainda assim, há alguns números a serem somados para você chegar ao custo total do produto. Na base desse cálculo está o valor que você pagou pela mercadoria. Acrescente a isso o imposto sobre vendas e quaisquer taxas de entrega que precisou pagar para o produto chegar até suas mãos. Se recebeu algum desconto, deduza-o do seu custo de estoque. Desse modo, você tem a equação básica:

Custo total do estoque = preço total do item + imposto sobre vendas + taxas de entrega – descontos

Esse cálculo lhe fornece o custo real de cada item do estoque, além de boas informações para definir preços que resultarão em lucros.

Fabricantes

Quando sua empresa fabrica as mercadorias que comercializa, descobrir os custos delas demanda algum trabalho. Primeiro, você precisa saber exatamente o que foi utilizado na fabricação do produto. Em segundo lugar, quanto pagou por cada componente que entra no produto final. Essa parte funciona igual a mercadorias de varejo; você soma o custo do item, o imposto sobre vendas pago e quaisquer taxas de entrega, e subtrai eventuais descontos recebidos.

No entanto, como está fabricando produtos novos a partir de seus componentes, há mais algumas etapas a cumprir. Você precisa descobrir quanto trabalho é necessário para fabricar cada mercadoria e incluir essa informação no custo. Além disso, quaisquer custos indiretos associados à produção – como aluguel e uso de energia elétrica – também são incluídos nos custos de estoque. Nessa etapa, entra em ação o seu programa contábil, assumindo o trabalho pesado e calculando o custo de cada componente a ser adicionado em cada item no estoque.

QUATRO MÉTODOS DE AVALIAÇÃO DE ESTOQUE

Independentemente de sua empresa fabricar produtos ou simplesmente vendê-los, você precisa ponderar sobre a melhor maneira de controlar o valor do estoque para fins contábeis. Adotar um método adequado ao fluxo de suas vendas lhe dará uma imagem mais clara do real valor do seu estoque.

Existem quatro métodos para controlar o valor do estoque segundo os Princípios Contábeis Geralmente Aceitos (GAAP) nos EUA:

- Último a entrar, primeiro a sair (UEPS): o último produto comprado é aquele que você vende primeiro (um método só permitido nos EUA, usado para reduzir o lucro líquido e o imposto de renda), quando há um aumento dos custos do produto;
- Primeiro a entrar, primeiro a sair (PEPS): o primeiro item comprado é o primeiro a ser vendido; o que funciona bem, do ponto de vista fiscal e contábil, quando os custos do produto estão caindo constantemente;
- Custo médio: funciona bem ao vender uma grande quantidade de itens idênticos (como martelos) comprados em momentos diferentes por preços diferentes;
- Identificação específica: geralmente usado para grandes valores, como quadros ou carros.

O método de avaliação ideal para o seu negócio depende do tipo de estoque que você mantém. Quando você comercializa mais de um tipo de mercadoria, pode adotar um método de avaliação de estoque diferente para cada um, pois nem sempre o que faz sentido para um produto faz para outro. Por exemplo, se você tem uma loja de ferragens, pode usar o custo médio para itens como pregos e parafusos, identificação específica para galpões customizados e UEPS ou PEPS para mercadorias como pás de neve e sopradores de folhas.

É preciso escolher um método porque, em primeiro lugar, você compra estoques em momentos diferentes ao longo do ano e o valor pago nos itens pode variar nesse período. A menos que cada produto seja marcado com um identificador exclusivo (o que pode ter um custo proibitivo se seu estoque for grande), é impossível para você saber exatamente qual item do estoque foi vendido - como diferenciar pregos, por exemplo? Portanto, você precisa encontrar a melhor maneira de estimar o custo do estoque que está sendo vendido durante o período. Uma vez que métodos diferentes trarão resultados diferentes, os princípios contábeis predominantes o levam a escolher um método e mantê-lo. Se precisar mudar de método, terá que ter um bom motivo (com base nas normas do FASB e da Receita Federal). Talvez você também precise recalcular os números de anos anteriores para mostrar o impacto da mudança e, assim, seguir o novo método dali em diante. Você não pode ficar alterando seu método de avaliação do estoque para melhorar seus números.

DESPESAS

Todos nós temos contas a pagar

Um dos clichês mais antigos no mundo dos negócios diz que você precisa gastar dinheiro para ganhar dinheiro. Despesas são os custos padrão de operar uma empresa (como aluguel, energia elétrica e publicidade) e não há como contorná-los.

Ao contrário do que acontece em relação às despesas pessoais, cada despesa da empresa é dedutível do imposto, pelo menos até certo ponto. A lista do que conta como despesa comercial é ampla e, como você verá nesta seção, inclui algumas coisas inesperadas. Conhecer as suas despesas comerciais o ajudará a ter uma visão mais ampla da lucratividade do seu negócio e a gerenciar sua conta de impostos. Também o ajudará a economizar algum dinheiro: ao saber quais informações o seu contador vai procurar quando apurar seus impostos, você poderá se preparar de antemão.

Mais importante ainda: o modo como você administra as despesas impacta grandemente os resultados da empresa. Se o seu negócio não estiver lucrando ou se os lucros não são altos o suficiente, analisar as despesas é o primeiro passo para procurar maneiras de aumentar a lucratividade. Tenha em mente que todas as contas de despesa costumam apresentar saldos devedores, que é o oposto das contas normais de receita. Na verdade, raras são as vezes que você verá um lançamento de crédito em uma conta de despesa. Essas poucas ocasiões seriam para corrigir erros, reverter uma provisão de um período anterior ou encerrar a conta. Quaisquer outros lançamentos de crédito provavelmente são erros que você precisa corrigir ajustando as entradas.

Como quase tudo na contabilidade, existem tantas despesas diferentes que é mais fácil agrupá-las do que olhar para uma extensa lista. A divisão mais comum é entre despesas de vendas e despesas gerais, que costumam ser chamadas de despesas "gerais e administrativas" nas demonstrações financeiras.

Lembre-se de que os custos diretamente associados ao estoque não contam como despesas. As despesas só incluem contas que você deve pagar, independentemente de ter vendido ou não alguma coisa.

O controle é opcional

Não há norma contábil alguma que exija que você separe seus custos de vendas. Se os custos de venda não representam uma grande parte das despesas totais, você pode enquadrá-los com despesas gerais. No entanto, se forem expressivos o suficiente para você querer acompanhá-los separadamente, uma solução é criar uma categoria de custos de vendas dentro de suas despesas gerais.

CUSTOS DE VENDAS

Os custos de vendas incluem qualquer despesa diretamente envolvida na comercialização de produtos ou serviços. Por exemplo, comissões de vendas devem ser contabilizadas como custo de venda, da mesma maneira que o papel da nota fiscal, a embalagem de presente e as taxas de entrega (quando faz delivery para seu cliente). Esses tipos de custos não existem se não houver vendas, de modo que variam com elas.

Exemplos de custos de vendas:

- Sacolas de compras;
- Caixas e papel de presente;
- Materiais de embalagem;
- Taxas de entrega;
- Custos de atendimento de pedidos;
- Comissões de vendas.

Esses custos diretos são também chamados de custos variáveis, pois a despesa mensal total varia de acordo com as vendas.

Custos indiretos de venda são aqueles necessários para gerar vendas, mas que não variam com base nelas. Isto é, sua empresa deve pagar por essas despesas mesmo que não haja qualquer venda. No entanto, esses custos indiretos são importantes, pois é quase impossível gerar vendas sem eles. Os mais comuns são: salários de vendas, despesas com publicidade, custos promocionais e viagens. Em suma, qualquer custo em que você incorrer ao tentar convencer os clientes a comprarem seu produto pode ser contabilizado nessa categoria de despesas. É possível também incluir aqui refeições e entretenimento; muitos empresários levam clientes e potenciais clientes para almoçar fora ou tomar um drink, ou, ainda, para jogar golfe.

Trabalhando com comissão

Não confunda salários de vendas com comissões de vendas. Salários de vendas são pagos às equipes de vendas regularmente, a despeito de gerarem vendas ou de quanto venderem. E comissões são pagas apenas quando uma transação comercial é realizada: se não houver vendas, não haverá comissões.

Se optar por desmembrar os custos de venda, esses serão as primeiras despesas listadas na demonstração de lucros e prejuízos. Isso porque estão mais ligadas às vendas que as outras despesas e, portanto, aparecem no demonstrativo mais próximas da seção de receita.

DESPESAS GERAIS

Muitas pessoas usam a expressão "despesas gerais" sem saber o seu significado. Costuma ser usada para nomear qualquer coisa que não seja um custo direto do produto (o custo real do produto mais as despesas de vendas relacionadas), o que está parcialmente correto. Por vezes, é chamada de despesas fixas, e isso também está parcialmente correto. A verdadeira definição, porém, é esta: despesas gerais são quaisquer despesas em que sua empresa incorreria mesmo se nunca vendesse nada. Essas despesas podem ser as mesmas todos os meses, ou sempre mudar; são fixas no sentido de que você precisa pagá-las para permanecer no negócio, mas o valor em reais pode variar. Atenção: despesas gerais não incluem custos diretos e indiretos do produto – qualquer coisa que varie em relação às vendas.

Nessa categoria, você encontra despesas inesperadas, que talvez pense que não são dedutíveis de impostos. Algumas das despesas gerais mais comuns que os novos e pequenos empresários esquecem de incluir na dedução de impostos são:

- Livros e revistas relacionados com negócios (compra isolada e assinaturas);
- Doações (fornecer camisetas para um time de futebol, por exemplo);
- Pedágios, estacionamento e quilometragem (para qualquer viagem de negócios, não importando a distância);
- Anuidades profissionais (anuidades de conselhos regionais, por exemplo).

Algumas despesas gerais possuem regras especiais, cortesia da Receita Federal. Dessas, as duas com maior probabilidade de afetar sua pequena empresa são as despesas com home office e entretenimento. Outras, como as despesas de depreciação e amortização e folha de pagamento, exigem muita matemática.

Despesas com home office

Muitos novos e pequenos empresários fazem, pelo menos, parte de seu trabalho de casa. Se você alugar um escritório, todas as despesas associadas a isso seriam despesas gerais totalmente dedutíveis; o home office permite que você registre os mesmos tipos de despesas para o seu negócio. No entanto, você só pode deduzir uma parcela do total da despesa, pois parte de sua casa é para uso pessoal.

Em geral, essas deduções incluem uma fatia dos juros da sua hipoteca e impostos sobre a propriedade, pagamentos de aluguel, serviços públicos (exceto telefone residencial fixo), sistema de segurança, seguro e manutenção e reparos gerais.

Dedução de imposto de home office

Você somente pode adotar a dedução de home office nos EUA se encaminhar um Anexo C para sua receita comercial. Esse formulário é apenas para autônomos e empresas individuais. Para outros tipos de empresas, as despesas associadas podem ser incluídas nas despesas regulares. Converse com seu contador para obter orientação sobre como tratar essas despesas.

Para se enquadrar nesse tipo dedução, você deve usar, de modo regular e exclusivo, parte de sua casa para fins comerciais. Ela também deve ser o local principal em que você executa tarefas; por exemplo, se você sempre faz o faturamento em casa, isso pode ser contabilizado. Assim como se você costuma fazer reuniões com clientes em casa ou se utiliza um espaço à parte na mesma propriedade (um galpão ou uma casa de hóspedes, por exemplo).

Após verificar que está enquadrado nessa categoria, você precisa determinar o quanto o home office representa em relação ao restante da casa. Para tanto, meça o espaço. Por exemplo, se o seu local de trabalho tiver 10 m² e a casa, 100 m², você pode deduzir 10% das despesas comuns. As despesas que se aplicam apenas ao espaço do escritório (como fiação especial ou repintura) serão 100% dedutíveis. As despesas que não se aplicam a esse espaço – por exemplo, o custo de pintar o quarto do seu filho – não são dedutíveis.

Despesas de entretenimento

Se você estiver adulando fornecedores, agradando a clientes ou fazendo algo especial para os colaboradores, os custos referentes a isso entram como despesa geral. Há muitas restrições para essas despesas de entretenimento. Para começar, precisam ser consideradas "comuns e necessárias" para o seu negócio. Além disso, você só pode deduzir metade da despesa total quando leva clientes para almoçar. No entanto, pequenos presentes, no valor de R$ 125 ou menos cada, são totalmente dedutíveis - e podem causar uma impressão tão boa quanto um presente mais caro.

A brecha do presente

Há uma brecha nas despesas de entretenimento: presenteie a pessoa jurídica em vez da pessoa física. Dessa maneira, os presentes são 100% dedutíveis, sem limite de R$ 125. Em vez de presentear cinco pessoas com ingressos de teatro de R$ 300 e obter apenas uma dedução de R$ 625, dê os ingressos para uma empresa e deduza os R$ 1.500.

Como é de se esperar, despesas desse tipo são as favoritas dos fiscais; portanto, guarde seus recibos e documente a finalidade comercial sempre que possível. Mesmo se perder alguns, ainda poderá deduzi-los se forem de valor inferior a R$ 125 cada, devido a uma flexibilização relativamente recente das regras da Receita Federal. No entanto, você é obrigado a manter um registro de despesas de entretenimento com data, local, valor, nome do cliente e finalidade comercial de cada evento.

NÃO PERCA SEUS RECIBOS

Quando chega a hora do imposto, muitos pequenos empresários começam a procurar em todos os lugares recibos e faturas não contabilizados. Eles tentam se lembrar de cada viagem pela empresa, de cada reunião que participaram e de cada almoço com clientes, a fim de garantir que essas despesas entrem nos registros contábeis do ano. O motivo: cada dólar de despesa se traduz em uma redução da receita, e menos receita significa uma valor menor a ser pago de imposto.

Há mais coisas que contam como despesas dedutíveis do que você imagina. Por exemplo, se você precisa realizar cursos para manter sua licença profissional, guarde as faturas e deduza essas taxas. Quando você vai de carro visitar instalações de clientes, cada quilômetro percorrido é inserido nas despesas dedutíveis (a taxa de quilometragem varia de ano para ano com base em lei federal). Outras despesas comerciais em geral negligenciadas são: obras de referência, sistemas de alarme, despesas bancárias e lavagem de uniformes.

Esteja ciente de que nem todas as despesas com refeições (como almoços e jantares de negócios) e entretenimento são 100% dedutíveis para fins fiscais. Tenha cuidado também em não exagerar nesse tipo de despesa. Essa é uma das áreas mais fiscalizadas pela Receita Federal, pois pode ocasionar uma confusão entre interesses pessoais e empresariais. Viajar para o Havaí para se encontrar com um potencial cliente do seu negócio de venda de óculos de sol caracteriza-se como uma viagem de negócios, mas passar outras duas semanas nesse paraíso e levar toda a família com você, não.

DEPRECIAÇÃO

Mais do que desgaste

Depreciação, conforme mencionado no Capítulo 4, é como se mensura contabilmente o desgaste dos ativos fixos. Embora não tenha impacto no caixa, faz parte das despesas. Desse modo, a depreciação reduz o lucro líquido da empresa, diminuindo o valor do imposto de renda. Ao contrário das despesas, ao comprar ativos você não consegue deduzi-los de imediato, mesmo que tenham absorvido uma parcela do caixa ou aumentado o passivo. A despesa de depreciação permite que você deduza esse ativo ao longo do tempo, à medida que o utiliza para produzir receitas. Nesta seção, abordaremos os detalhes do cálculo e do lançamento da despesa de depreciação dos ativos fixos da sua empresa.

Lance tudo agora

Ativos recém-adquiridos podem ser depreciados integral e imediatamente, de acordo com a Seção 179 da regulamentação dos EUA. Em vez de depreciá-los ao longo do tempo, é possível contabilizar como despesa o total de ativos fixos adquiridos durante o ano. Duas questões a serem consideradas: a dedução não pode causar um prejuízo geral e não pode ser superior ao limite da Receita Federal para aquele ano fiscal.

Embora existam várias maneiras diferentes de depreciar ativos, os dois métodos mais usados pelas pequenas empresas são:[27]

27 As principais formas de calcular a depreciação no Brasil são por: 1) depreciação linear, em que a perda de valor ocorre ao longo do tempo, 2) depreciação da soma dos dígitos, em que a taxa de depreciação varia ao longo da vida útil do bem, podendo depreciar mais nos primeiros ou nos últimos anos, como ocorre com os automóveis, e 3) depreciação por unidades produzidas, em que a depreciação é estimada de acordo com o máximo de unidades produzidas. [N.R.T]

1. Sistema de Recuperação Acelerada de Custos Modificado, ou método MACRS (Modified Accelerated Cost Recovery System, também chamado de método fiscal);
2. Método linear.

Ambos os métodos são aceitáveis para uso em sua declaração de imposto da empresa. Embora você possa usar um método para fins contábeis e outro para fins fiscais (e você precisa relatar esse fato à Receita Federal), é mais fácil manter seus livros e registros fiscais da mesma maneira. A principal diferença é que o MACRS permite que você faça maiores deduções de depreciação mais cedo do que faria usando o método linear (daí o uso do termo "acelerado"); no geral, porém, a depreciação total ao longo da vida do ativo será a mesma.

Seja qual for o método escolhido, você precisará saber algumas informações básicas: a data de compra do ativo, seu custo, sua vida útil e qual porcentagem dele é usada exclusivamente para os negócios. Se o ativo não for utilizado 100% para os negócios, você apenas poderá depreciar a parcela usada pela empresa. Por exemplo, caso use um laptop para fins comerciais e pessoais, você deve estimar a porcentagem do uso comercial; se for de 80%, você somente poderá deduzir 80% do cálculo de depreciação total desse ano para a empresa.

Vejamos mais de perto cada tipo de método.

DEPRECIAÇÃO MACRS

A Receita Federal dos EUA recomenda que as empresas utilizem o MACRS para calcular a depreciação. Nesse método, todos os ativos são agrupados em categorias chamadas classes de propriedade, e cada uma delas possui um programação específica de depreciação. Por exemplo, móveis de escritório são considerados propriedade de sete anos; enquanto computadores, de cinco anos. Cada classe de propriedade tem seu plano predefinido de porcentagens de despesas anuais (as porcentagens mudam anualmente). Você pode adquirir uma cópia completa da tabela no site da Receita Federal (www.irs.gov). As categorias de ativos MACRS e os cronogramas de depreciação são bastante claros e simples de usar.

Na maioria dos casos, você usa a tabela de "convenção de meio do ano", cujo objetivo é auxiliar no cálculo correto da depreciação, afinal nenhuma empresa compra todos os seus ativos em 1º de janeiro. A convenção de meio do ano assume que os novos ativos foram adquiridos na metade do ano e dá a todos 50% da depreciação total para o primeiro ano; depois permite a despesa do ano inteiro dali em diante. Você notará que há um ano extra embutido nas tabelas; ativos de três anos têm quatro anos de porcentagens, por exemplo. Isso é para contabilizar o meio do ano no fim da vida útil do ativo, para compensar aquela metade do ano ausente no início.

Veja como funciona a depreciação MACRS. Em primeiro lugar, você descobre a qual categoria o seu ativo pertence, de acordo com a tabela da Receita Federal.[28] Em seguida, você procura a porcentagem para este ano na vida útil do ativo. Por exemplo, se for o segundo ano fiscal em que você possui o ativo, use a porcentagem para o ano dois. Finalmente, você multiplica o custo original total do ativo pela porcentagem da tabela. Se o ativo não for usado exclusivamente para os negócios, você precisa efetuar mais uma etapa e multiplicar a porcentagem de uso da empresa pelo valor de depreciação que acabou de calcular.

Usando o método linear

Quando é permitido, muitos empresários preferem adotar a depreciação linear para a compra de ativos. Isso porque empresas recém-abertas costumam ter perdas no início, e maiores deduções de depreciação usando o MACRS não são necessárias para manter o imposto de renda baixo. Nos anos seguintes, quando os lucros começam a crescer, o valor extra da despesa de depreciação ao utilizar o método linear ajuda a manter o imposto no mínimo.

28 No Brasil, a depreciação é calculada, geralmente, de modo mais simples. O valor residual deve ser estimado e subtraído do valor depreciável. Os critérios para o cálculo devem ser informados em nota nas demonstrações financeiras. Ademais, é possível adaptar os critérios do MACRS. [N.R.T]

DEPRECIAÇÃO LINEAR

Em geral, a depreciação linear é uma opção para muitos ativos, embora a Receita Federal prefira o uso do MACRS. Ainda que o método linear gere uma despesa de depreciação menor no início, a dedução anual permanece constante ao longo da vida útil do ativo. Esse método também oferece deduções maiores do que o MACRS nos anos seguintes.

O cálculo para a depreciação linear é simples. Pegue o custo original total do ativo e divida-o pela sua vida útil (em geral, retirada da listagem de classes de ativos MACRS). O resultado é a despesa de depreciação anual, que é o número que você usará todos os anos, exceto no primeiro e no último. Para esses anos, você pode usar 50% do número encontrado, tendo como base a convenção de meio do ano, ou pode descobrir a proporção real, a fração do ano em que você possuía de fato o ativo. Por exemplo, caso tenha comprado o ativo em fevereiro, você pode multiplicar a despesa total por 10/12 porque sua empresa terá usado o ativo por 10 dos 12 meses durante o primeiro ano; você usaria 10 em vez de 11 porque março seria o primeiro mês completo em que o ativo estava em uso.

NÃO SE ESQUEÇA DA AMORTIZAÇÃO

A despesa de amortização é similar à depreciação, exceto que somente é usada para ativos intangíveis. Essa despesa mede a redução no valor desses ativos ao longo do tempo. Como os ativos intangíveis diminuem de valor? Eles não se desgastam nem enferrujam, mas alguns deles, como as patentes, têm datas de término específicas. Outros, como os acordos de licenciamento, possuem vida útil. Além disso, segundo diretrizes da Receita Federal, uma empresa não pode amortizar um ativo intangível (como direitos autorais ou patentes) que ela criou, apenas aqueles que ela comprou.

O total acumulado da despesa de amortização é mantido às vezes (mas nem sempre) em uma conta redutora, que, em geral, é chamada de amortização acumulada. O raciocínio aqui é o mesmo da depreciação: isso permite que você veja o valor original do ativo separadamente do quanto dele foi "usado". Em relação à amortização, porém, há outra opção, diferente do que acontece na depreciação. Você pode registrar a amortização diretamente na conta de ativo intangível em vez de usar a conta redutora, economizando trabalho extra de contabilidade no fim do período contábil.

Ao contrário da depreciação, a amortização só pode ser calculada de maneira linear, ou seja, o mesmo valor é contabilizado como despesa para cada período até que tudo seja usado. Se a sua empresa comprou uma patente por R$ 75.000, com vencimento de 15 anos, você amortizaria R$ 5.000 por ano durante 15 anos.

Vida útil máxima

Você não pode amortizar um ativo intangível por mais de quinze anos, mesmo que a vida legal ou útil dele seja superior a isso. Se for inferior a quinze anos, porém, você precisará usar esse período menor para calcular a despesa.

Pode até parecer que amortização não tem a ver com a sua empresa, mas tem. A despesa de amortização mais comum para pequenas empresas é o custo inicial. Enquanto você está correndo atrás de tudo quanto é preciso para abrir seu negócio, não existe de fato uma empresa para que você possa deduzir essas despesas. Na verdade, você precisa agrupá-las em um ativo e amortizá-las em cinco anos. Em geral, você colocaria nessa conta despesas como taxas legais, licenças comerciais e taxas de incorporação (ou o equivalente para LTDAs ou parcerias) - qualquer despesa incorrida para criar a empresa.

PESSOAL E FOLHA DE PAGAMENTO

É dia de pagamento!

Folha de pagamento é uma das áreas mais difíceis e mais trabalhosas da contabilidade, e, de fato, parece algo bastante complicado à primeira vista. No entanto, depois de fazer os ajustes iniciais e pegar o jeito, não é tão difícil. Sim, há muita papelada. Grande parte dela, porém, é bastante repetitiva e virará rotina antes que você perceba. Com a tecnologia disponível hoje, é bem mais fácil gerenciar a folha de pagamento. Ainda assim, há muitos prazos de entrega e pagamento, e penalidades rígidas se não forem cumpridos. Muitas vezes, é mais cômodo (e não tão caro) contratar um contador ou um prestador de serviço que lide com a folha de pagamento para você.

Em geral, o quadro funcional representa a maior despesa de uma empresa. Primeiro porque você tem de remunerar seus colaboradores, e isso, por si só, é geralmente bastante dispendioso. Além disso, seu negócio tem de pagar impostos extras e alguns seguros decorrentes da folha. Por fim, precisa atender a todos os requisitos locais, estaduais e federais – muitos dos quais visam proteger o trabalhador, e alguns são cobrados. Para escapar desses custos e dessas responsabilidades extras, muitas empresas recém-abertas e pequenas contratam autônomos e prestadores de serviços terceirizados. Essa estratégia até pode economizar muito dinheiro e muita dor de cabeça, mas cuidado: há vantagens e possíveis armadilhas ao contratar profissionais autônomos em vez de colaboradores. O que mais você precisa saber sobre a folha de pagamento? Continue lendo!

MUITO TRABALHO E FORMULÁRIOS

Manter um quadro funcional pode ser muito trabalhoso e arcar com ele não é diferente. Você tem de lidar com impostos estaduais e federais, vários relatórios, seguro-desemprego e muito mais. Mesmo se você tiver apenas um colaborador, precisa preencher todos os formulários e cumprir todos os prazos de envio de informações.

Depois de ter organizado o básico, você pode usar um software contábil para gerenciar a folha de pagamento. A maioria desses programas possui um módulo de folha de pagamento; e alguns costumam fornecer um programa complementar que se conecta com o software padrão. Usar um programa contábil é, de longe, a maneira mais simples e rápida de fazer a folha de pagamento. A configuração é trabalhosa, mas mesmo isso leva menos tempo do que você imagina. Após tudo configurado, sua parte se limitará a informar ao programa o salário bruto dos colaboradores. O software fará o restante. Calculará todas as deduções, o salário líquido, acompanhará os pagamentos de impostos obrigatórios ao empregador e até imprimirá os holerites. Antes de começar a pagar os holerites, porém, há várias etapas importantes a serem seguidas.

NOÇÕES BÁSICAS DE FOLHA DE PAGAMENTO

Você já deve ter recebido salário em algum momento da vida, e, assim como todo mundo, ficou consternado ao perceber os descontos. Agora, é você quem desconta o dinheiro e o envia aos fiscais. Além disso, os empregadores entram com mais impostos sobre a folha de pagamento em adição ao que deduzem dos holerites dos colaboradores.

Como empregador, você deve contabilizar dois conjuntos de impostos:

1. Os **impostos retidos na fonte** são o imposto de renda do próprio funcionário, deduzido diretamente dos holerites e enviados para a administração fiscal (por você), e também incluem o imposto de renda (nos EUA, sempre federal, geralmente estadual e às vezes municipal), Previdência Social e plano de saúde (nos EUA);

2. Os **impostos do empregador** são impostos adicionais que você deve pagar em nome de seus funcionários e incluem: Seguro Social[29] e plano de saúde (nos EUA), bem como quaisquer pagamentos de seguro-desemprego estadual e federal[30].

Sim, são muitos impostos, muitos cálculos e muita papelada. O lado positivo disso tudo é que o total da folha de pagamento é dedutível da receita, reduzindo, assim, a carga de imposto de renda da empresa.

IMPOSTOS RETIDOS NA FONTE

Para fixar: qualquer imposto que você deduz no holerite do funcionário é chamado de imposto retido na fonte. Os quatro impostos retidos na fonte mais comuns nos EUA são:[31]

1. Imposto de renda federal;
2. Imposto de renda estadual;
3. Previdência Social;
4. Plano de saúde.

Em alguns estados, você também pode precisar reter o seguro-desemprego ou o seguro-invalidez do pagamento do empregado.[32]

29 Instituto Nacional de Seguro Social (INSS) e Fundo de Garantia do Tempo de Serviço (FGTS), no Brasil. [N.R.T]

30 Não há seguro-desemprego estadual no Brasil. [N.R.T]

31 Não existe imposto de renda estadual no Brasil. As contribuições para o INSS e para licenças são deduzidas obrigatoriamente do contracheque, mas não podem ser consideradas para o imposto de renda. O imposto de renda que as empresas deduzem de cada funcionário é calculado apenas sobre o valor do salário. Todos os elementos que podem reduzir o valor devido, como pagamentos relacionados à saúde e à manutenção de dependentes, são informados na declaração do Imposto de Renda Pessoa Física e levam às restituições que muitos recebem da Receita Federal por terem pago mais imposto do que deviam. Durante o preenchimento da declaração, o sistema automaticamente informa ao contribuinte quanto o governo lhe deve. [N.R.T]

32 No Brasil, as empresas pagam 40% de multa sobre o FGTS ao demitir um funcionário sem justa causa. As regras são federais, não estaduais. O seguro-desemprego é pago pelo governo federal por meio do Fundo de Amparo ao Trabalhador. No entanto, para que haja a liberação do benefício, a empresa precisa informar corretamente à demissão por meio do E-social. Caso não faça em tempo hábil, sanções podem ser aplicadas. [N.R.T]

Para descobrir quanto deduzir de imposto de renda, você precisa saber algumas informações básicas sobre cada funcionário. Isso inclui o estado civil e a quantidade de subsídios que ele está solicitando, os quais você pode obter no formulário W-4 que o funcionário preenche nos EUA. Você também precisa saber o salário bruto do período e o valor de quaisquer deduções antes dos impostos.

Deduções antes dos impostos

As deduções antes dos impostos são subtraídas do salário bruto do colaborador antes de a empresa calcular o imposto de renda que deve ser retido. Alguns exemplos são as contribuições para o plano de aposentadoria e mensalidades de seguro-saúde.[33] Suponha que Mary ganhe US$ 250 por semana. Ela paga US$ 10 de previdência corporativa e US$ 50 de seguro-saúde; então, você calcularia o imposto de renda retido na fonte sobre US$ 220 em vez de sobre US$ 250.[34]

Com que frequência você deve apresentar a declaração de imposto sobre a folha de pagamento e o envio dos impostos federais sobre ela depende do valor do imposto. Na maioria dos casos, é necessário depositar esses impostos federais por meio de transferência eletrônica de fundos (EFT); empresas muito pequenas com obrigações fiscais de folha de pagamento inferiores a 2.500 dólares por trimestre podem ser autorizadas a apresentar declarações trimestrais de imposto de folha de pagamento e enviar junto o pagamento. As regras referentes aos impostos federais sobre a folha de pagamento

33 No Brasil, é comum a dedução de 13º salário, participação do funcionário no plano de saúde, vale refeição e vale transporte. [N.R.T]

34 Esse cálculo de dedução individual não se aplica ao Brasil. No caso das empresas, uma fonte de confusão do texto em relação ao sistema brasileiro é que eles tratam como uma coisa só dois tipos diferentes de imposto. O Imposto de Renda da Pessoa Jurídica é pago pelas empresas mensalmente e declarado anualmente. A tributação da folha de pagamento também é feita mês a mês e existe uma série de informações que as empresas precisam enviar ao governo constantemente para mantê-lo a par de estabilidade ou de mudanças no que se deve tributar – salário rotineiro, horas extras, licenças, acidentes de trabalho. Até 2020, havia quinze sistemas diferentes para enviar essas informações. Eles foram unificados em um só, o e-Social. [N.R.T]

são muito rígidas e detalhadas. Para ter certeza de que está fazendo tudo corretamente, leia a Publicação 15 do IRS em www.irs.gov.

Nunca brinque com os impostos sobre a folha de pagamento

Um erro comum e potencialmente prejudicial aos negócios cometido por novos empregadores é usar os impostos retidos na fonte como uma conta bancária da empresa. Em vez de depositar os impostos sobre a folha de pagamento na íntegra e no prazo, eles cobrem as lacunas do fluxo de caixa da empresa pegando emprestado da conta de impostos sobre a folha. Essa prática é ilegal, e as penalidades são bastante rigorosas, muitas vezes suficientes para tirar a empresa dos negócios.

Os impostos retidos na fonte se enquadram em um conjunto especial de leis e são diferentes de quase todos os outros tipos de impostos. Isso porque o dinheiro que você retém pertence aos colaboradores, e não à sua empresa. Na verdade, você mantém esse dinheiro em confiança até remeter ao governo em nome deles. Quando sua empresa não faz os pagamentos, penalidades civis e criminais (inclusive multas pesadas e prisão) podem ser aplicadas.

A maior penalidade que uma empresa pode incorrer por não repassar os impostos sobre a folha de pagamento ao governo é a multa de 100% (oficialmente chamada de Multa de Recuperação do Fundo Fiduciário), que você pode ser responsabilizado pessoalmente por pagá-la. Se a Receita Federal provar que sua empresa deliberadamente não pagou os impostos, você terá de pagar os impostos e a multa, que pode ser igual ao total de impostos devidos. O não paga mento deliberado significa que você escolheu não pagar os impostos, qualquer que seja o motivo; e não os pagar porque sua empresa não tem dinheiro em caixa é considerado falta de pagamento intencional.

IMPOSTOS DE DESEMPREGO

Uma empresa com colaboradores precisará lidar, é bem provável, com o Imposto Federal de Desemprego (FUT) e também com, pelo menos, um imposto estadual de desemprego. No âmbito federal, esses impostos são pagos somente pelos empregadores (não há retenção sobre o salário dos trabalhadores nesse caso) e se baseiam diretamente no total pago ao colaboradores. A taxa do FUT em 2016 foi de 6%, mas era passível de redução se o seguro-desemprego estadual também fosse pago.

Quando se trata de regras estaduais, porém, há muita variação. Seguem as normas gerais de impostos estaduais de desemprego:[35]

- Geralmente são pagos apenas pelos empregadores;
- Reduzem a carga de FUT da empresa;
- A taxa é baseada na quantidade de colaboradores que entraram com pedido de seguro-desemprego;
- Há um limite máximo do imposto que você deve para cada colaborador.

Mesmo as especificidades variam bastante, em especial quando se trata de processar os números. Por exemplo, a taxa estadual de seguro-desemprego em Maryland em 2016 começava em 2,6%, podendo variar de 0,3 a 7,5%, a depender do histórico da empresa com pedidos de seguro-desemprego; a alíquota atribuída a uma empresa é aplicada sobre os primeiros 8.500 dólares de ganhos de cada colaborador. Assim, se um profissional (em Maryland) ganhasse 15 mil dólares, por exemplo, sua empresa deveria apenas impostos de desemprego sobre os primeiros 8.500 dólares e não sobre o restante. Em alguns estados, tanto os empregados quanto os empregadores precisam pagar ao sistema (o que acrescenta mais responsabilidades de retenção aos empregadores).

No geral, lidar com a folha de pagamento e os impostos sobre ela pode ser muito trabalhoso; além disso, as regras são complexas e mudam com bastante frequência. Para a maioria dos empresários, a melhor opção é contratar um prestador de serviço para cuidar de todos esses detalhes – especialmente porque as consequências em caso de erros podem sair caras.

35 Como sinalizado anteriormente, as regras do seguro-desemprego no Brasil são federais. [N.R.T]

GERANDO LUCROS, MAS SEM CAIXA

O dinheiro acabou antes do fim do mês

Uma das ocorrências contábeis mais desconcertantes para novos empresários é quando a empresa claramente obteve lucro, mas o caixa está muito baixo. Empreendedores de empresas recém-constituídas costumam confundir ganhar dinheiro (ou seja, obter lucros) com ter dinheiro. Até mesmo bons lucros nem sempre levam a caixa suficiente, assim como dinheiro no banco não significa necessariamente que sua empresa está tendo um lucro saudável.

Parece mentira, mas é verdade. Toda vez que sua empresa realiza uma venda a prazo, essa venda de fato aumenta as receitas e a lucratividade, mas não tem nenhum impacto no caixa até que o cliente pague. Se você tem muitos clientes que demoram para pagar, isso pode pressionar muito o caixa. Afinal, mesmo que eles não estejam pagando, você (a empresa) ainda tem de pagar as contas.

É muito comum empresários inexperientes se concentrarem nas vendas, fazendo o que for necessário para fechar um negócio. Ou seja, concedem crédito ao cliente sem ter certeza de que ele tem um bom histórico de pagamento. Mesmo aqueles com excelente histórico de crédito às vezes se deparam com suas próprias crises de caixa e atrasam os pagamentos para manter o próprio caixa fluindo mais suavemente. Pagamentos atrasados ou nunca efetuados causam estragos no fluxo de caixa. Ainda que suas vendas pareçam estar indo bem e você esteja atingindo todas as metas, a empresa pode ficar sem caixa.

É possível também encontrar caixa "faltando" nas contas de despesas antecipadas (que são contas de ativo, e não de despesa). Quando a empresa realiza um grande pagamento antecipado para cobrir despesas futuras, isso atinge a conta caixa e uma de ativos pré-pagos sem uma correspondência igual em uma conta de despesas. Talvez você queira antecipar um grande pagamento para aproveitar uma oferta (pague um ano de aluguel adiantado e obtenha um mês grátis) ou porque é uma exigência (como em uma apólice de seguro). Seja como for, isso drena o caixa atual sem ter um impacto tão grande nos lucros e, portanto, aumenta a conta de impostos (que você tem de pagar com o caixa).

Mantenha as portas abertas

Cerca de uma a cada quatro empresas nos EUA fecham as portas porque ficam sem dinheiro em caixa (segundo a revista *Time*). E um pouco mais, aproximadamente 29%, das empresas recém-abertas quebram pelo mesmo motivo. É por isso que controlar religiosamente o fluxo de caixa é mais do que apenas uma boa ideia – é a chave para manter as portas abertas.

SEGUINDO O DINHEIRO

A expressão "fluxo de caixa" descreve como o dinheiro entra e sai de seu negócio. Quando o dinheiro entra, é chamado de entrada de caixa; quando sai, é uma saída de caixa. Manter o controle sobre os dois lados da equação de caixa é fundamental para o sucesso da gestão do negócio.

Para muitas empresas novas e pequenas, as saídas de caixa excedem (pelo menos inicialmente) as entradas, e isso é chamado de fluxo de caixa negativo. Naturalmente, é muito melhor o oposto, com mais dinheiro entrando do que saindo. Afinal, é o objetivo a se buscar: fluxo de caixa positivo. E se, por um tempo, mais dinheiro sair do que entrar, isso não significa necessariamente que você esteja sem caixa. Caso tenha uma reserva para passar por esses momentos, semelhante a uma conta de poupança pessoal para emergências, um pouco de desequilíbrio não o levará à falência. No entanto, você ainda precisa trabalhar para estabelecer seu fluxo de caixa e mantê-lo positivo e estável.

Para administrar com sucesso o fluxo de caixa, você precisa saber como anda a situação da sua empresa e quais medidas tomar para melhorá-la. Comece com uma projeção detalhada do fluxo de caixa, uma espécie de orçamento que monitora a entrada e a saída de capital do seu negócio. Isso o ajuda a ver para onde o dinheiro está indo e lhe dá algumas ideias para postergar um pouco as saídas. Além disso, você observa como o capital entra, e acaba encontrando algumas maneiras para acelerar esse processo. Você passa a ter muito mais controle sobre a saída de dinheiro do que sobre a entrada, de modo que este deve ser o foco inicial do gerenciamento de caixa: minimizar os déficits de caixa mantendo rédeas curtas na saída de caixa.

O OPOSTO TAMBÉM ACONTECE

Há casos também em que a empresa está com o caixa alto, mas com lucro negativo (prejuízo líquido). Isso pode acontecer quando algumas despesas, como depreciação e amortização, não têm nada a ver com o caixa. Ou quando as despesas que você pagou antecipadamente (como aluguel pré-pago ou seguro) ainda não foram usadas, de modo que você está colhendo esses benefícios sem gastar dinheiro adicional. Além disso, se a empresa oferece crédito aos clientes, em algum momento você talvez tenha que dar baixa em algumas dessas contas não pagas como despesa com devedores duvidosos. Essas baixas não afetarão a situação de caixa, mas atingem o resultado final.

A vantagem disso é que a empresa (e você) não terá que pagar nenhum imposto de renda quando o resultado do período é um prejuízo líquido. Isso é uma economia de dinheiro e, juntamente com seu saldo de caixa positivo, o fará ter ativos disponíveis para mudar a situação no próximo ano.

Capítulo 6:

Demonstrações financeiras

Para ter uma clara visão geral do financeiro da sua empresa, três relatórios especiais são necessários:

1. Demonstração de lucros e prejuízos;
2. Balanço patrimonial;
3. Demonstração do fluxo de caixa.

Quase todas as pequenas empresas entregam as três demonstrações para cada período. E é bom que seja assim. Muitas vezes, porém, os relatórios são enviados sem nem mesmo serem analisados – o que é um grande erro. Há empresários que somente veem os números do fim de ano, outros que nem se dão ao trabalho de olhá-los (imaginando que o contador apontará quaisquer problemas), e alguns apenas passam os olhos rapidamente antes de se concentrarem no próximo projeto. Empresários bem-sucedidos utilizam as informações dessas demonstrações para eliminar possíveis problemas pela raiz, capitalizar sucessos surpreendentes e certificar-se de que os números estejam alinhados com o que esperavam. A melhor hora para lidar com qualquer uma dessas questões, inclusive as boas, é imediatamente. E você só pode fazer isso quando analisar atentamente a situação da sua empresa.

Neste capítulo, você aprenderá tudo o que precisa saber sobre esses demonstrativos, como podem auxiliar seu negócio e como funcionam em conjunto, oferecendo um panorama completo do financeiro da sua empresa – os pontos fortes e os fracos.

DEMONSTRAÇÃO DE LUCROS E PREJUÍZOS

Trata-se do resultado

Como empresário, é capaz que a demonstração de lucros e prejuízos seja a sua favorita, pois apresenta quanto dinheiro a empresa está ganhando. No entanto, esse relatório pode mostrar muito mais do que o resultado. Por meio dele, você consegue saber se precificou bem os produtos, se está pagando muito pela mercadoria que revende ou se está gastando demais com entrega. Além de explicar o desempenho da empresa no último ano (ou mês ou trimestre), a demonstração de lucros e prejuízos contém pistas para melhorar a lucratividade e os resultados.

Antes de poder ter acesso a tudo isso, porém, você precisa preparar a demonstração, e o seu programa contábil faz com que isso seja fácil, bastando um único clique. Nesse demonstrativo financeiro, aparecem três tipos de contas: receitas, custos e despesas (aquelas que vimos no capítulo anterior). Ele é uma espécie de equação vertical que, em suma, diz o seguinte: "receitas menos custos menos despesas é igual a lucro líquido (ou prejuízo)". Essa equação determina a aparência do relatório.

QUE APARÊNCIA É ESSA?

O corpo do relatório da demonstração de lucros e prejuízos flui da mesma maneira que a equação, com as receitas listadas no alto, os custos (se você vende produtos) vindo em seguida e as despesas no final. Na parte inferior, está o resultado final, o lucro ou prejuízo líquido geral da empresa no período.

Uma mais longa, outra mais curta

As demonstrações de lucros e prejuízos de empresas de serviços são mais curtas do que as de negócios de venda de mercadorias. Prestadoras de serviços não precisam de uma seção para custo dos produtos vendidos ou lucro bruto porque não vendem mercadoria. Tirando essa seção, as demonstrações são praticamente iguais.

A maioria das demonstrações de lucros e prejuízos apresenta em seu topo um cabeçalho padrão de três linhas:

- O nome da empresa (Empresa ABC);
- O nome do demonstrativo (Demonstração de Lucros e Prejuízos);
- O período coberto pela demonstração (para o ano encerrando em 31 de dezembro).

Você pode mudar um pouco o título desse demonstrativo, desde que seja possível identificar de qual relatório se trata. Outros nomes comuns para ele são: "demonstrativo de resultados", "demonstrativo de lucros e prejuízos" e "relatório de ganhos". É provável que o contador se refira a esse demonstrativo como L&P (ou seja, lucros e prejuízos). Qualquer que seja a nomenclatura utilizada, a única coisa que deve estar explicitada especificamente nesse relatório é o tempo, que precisa refletir o período fiscal real coberto pela demonstração, seja ele um mês, um trimestre ou um ano.

CALCULANDO O LUCRO BRUTO

O lucro bruto é um número importante e muitas vezes esquecido na demonstração de lucros e prejuízos: é ele quem diz se você está cobrando o suficiente pelos produtos que vende. Entender o lucro bruto e saber como calculá-lo são etapas fundamentais na preparação desse relatório financeiro.

A demonstração de lucros e prejuízos é preparada com dados compilados das transações comerciais reais que ocorreram durante o período fiscal. Ela detalha como sua empresa ganhou dinheiro, juntamente com quanto foi gasto na tentativa de gerar receitas. Quando todos os números brutos de receita, custo e despesa estiverem disponíveis para determinar o lucro bruto, você os reúne e inicia os cálculos. As receitas vêm sempre em primeiro lugar. Comece com as brutas, que na verdade é apenas outra maneira de dizer "vendas totais". Caso tenha mais de uma conta de vendas (como uma para produtos e outra para serviços), você pode listá-las individualmente e depois totalizá-las, ou apenas incluir o valor total somado. Em seguida, subtraia quaisquer contas redutoras de vendas, como descontos ou devoluções. O resultado desse cálculo é chamado de vendas líquidas. Se você não tiver contas redutoras de vendas, as vendas brutas e as líquidas serão as mesmas, e você não precisa listar ambas.

Sem dinheiro, sem venda

Se sua empresa usa o regime contábil de caixa, somente inclua as vendas cujo valor já foi recebido. Não as inclua se nenhum dinheiro mudou de mãos ainda. Se utilizar o regime de competência, você deve incluir todas as transações de venda, independentemente de ter recebido ou não o pagamento delas.

Em empresas de venda de produtos, a seção de custo das mercadorias vendidas aparece em seguida. Na demonstração de lucros e prejuízos, você pode exibir o custo líquido dos produtos ou mostrar o cálculo completo. Quando se está preparando o relatório para si mesmo, é mais fácil ter o cálculo logo ali, na mesma página; se o estiver preparando para outra pessoa, inclua apenas esse número final no demonstrativo financeiro, juntamente com uma tabela de apoio mais detalhada (que você apenas anexaria no verso do relatório). O cálculo completo do custo das mercadorias vendidas começa com o estoque inicial e, em seguida, acrescenta todas as compras de estoque realizadas pela empresa no período. O resultado fornece o custo total dos produtos disponíveis para venda. Desse subtotal, subtraia o inventário final (o que resta no estoque) para chegar ao custo das mercadorias vendidas. Depois, subtraia o custo das mercadorias vendidas das vendas líquidas para calcular o lucro bruto. Esse é o valor excedente, que a empresa deixou para cobrir todas as despesas operacionais e (assim se espera) gerar lucro líquido.

Para empresas de serviços, a seção de custo das mercadorias não se aplica; assim, vendas líquidas são iguais ao lucro bruto. Seja qual for o tipo de empresa, calcular o lucro bruto fornece informações muito importantes: permite que você saiba qual montante sobrou para cobrir todas as despesas do seu negócio e qual o excedente para um resultado positivo.

CHEGANDO AO RESULTADO

A próxima seção da demonstração de lucros e prejuízos é comum a todos os negócios, sejam eles de venda de produtos ou não, e inclui todas as despesas da empresa no período. Você pode optar por agrupá-las – em variáveis e fixas, ou vendas e geral, por exemplo – ou apenas listá-las em um grande grupo. A divisão mais comum é despesas de vendas e despesas gerais e administrativas. No entanto, se você não tiver muitas contas de despesas diferentes é mais fácil mantê-las juntas. Independentemente de como as divide no relatório, você ainda precisa calcular um total de todas as despesas operacionais.

Agora que você sabe como calcular o lucro bruto e contabilizar as despesas operacionais, está pronto para calcular o resultado da empresa. Para chegar ao lucro ou prejuízo do período, subtraia as despesas operacionais totais do lucro bruto (que é igual a receitas menos custos para empresas de venda de mercadorias) ou das vendas líquidas (para prestadoras de serviços). Quando o resultado é positivo, a empresa obteve lucro no período; quando é negativo, ela sofreu prejuízo.

BALANÇO PATRIMONIAL

Finanças congeladas no tempo

O balanço patrimonial é um fotografia financeira instantânea do seu negócio em um determinado momento. Também conhecido como demonstração da posição financeira, esse relatório oferece uma visão abrangente da situação da empresa. O balanço patrimonial contém informações atuais de seus ativos, passivos e patrimônio líquido. A análise desse relatório lhe permite ver quanto a empresa tem e quanto deve, e revela sua participação acionária atualizada.

QUAL É SEU FORMATO?

Balanços patrimoniais costumam adotar um formato padrão a fim de facilitar a comparação de diferentes períodos para uma única empresa (em geral, para os proprietários) ou diferentes empresas no mesmo período (algo interessante para possíveis investidores ou credores). Para os empresários, a possibilidade de comparar os períodos lhes dá um vislumbre do progresso; para os possíveis investidores ou credores, poder comparar maçãs com maçãs traz melhores informações para a tomada de decisões.

Os dois tipos de layouts mais usados no balanço patrimonial são:

- Vertical;
- Lado a lado.

No formato vertical, as três categorias são listadas uma após a outra; os ativos aparecem primeiro, seguidos pelos passivos e, por último, o patrimônio líquido. No formato lado a lado, os ativos estão à esquerda do demonstrativo e os passivos e o patrimônio, à direita. A forma como você decide apresentá-lo é uma questão de preferência pessoal. Independentemente disso, ele sempre deve conter as três categorias de contas permanentes:

1. Ativo;
2. Passivo;
3. Patrimônio do proprietário.

Seu balanço patrimonial também segue a regra da equação contábil: o ativo deve ser igual ao passivo mais o patrimônio do proprietário (utilizando um programa contábil, é praticamente impossível que as contas estejam desequilibradas).

É uma foto instantânea

De todas as demonstrações financeiras, o balanço patrimonial é o único com uma data específica em vez de um período de atividade. Isso porque informa o saldo de suas contas permanentes em um dia fixo – em geral, o último dia de um período contábil.

Embora pareça simples até agora, o balanço patrimonial conterá mais do que três números principais. Lembre-se: ativos e passivos individuais enquadram-se em diferentes categorias. Essas categorias aparecem como seções no balanço patrimonial e as contas são listadas em suas categorias correspondentes. Seguir esse padrão facilita a análise rápida do seu balanço patrimonial. Vamos dar uma olhada em como você prepara esse demonstrativo.

CATEGORIAS DE ATIVOS

No balanço patrimonial, os ativos de um negócio serão divididos nas quatro categorias básicas (ou menos, se a empresa não tiver ativos em uma determinada categoria) que discutimos no Capítulo 4 e listados nesta ordem:

- **Ativo circulante:** inclui tudo que se espera converter em dinheiro dentro de um ano da data do balanço patrimonial. No balanço patrimonial, esses ativos são listados por ordem de liquidez. Aqueles que podem ser convertidos em dinheiro mais rapidamente são listados primeiro;

- **Investimentos de longo prazo:** são investimentos regulares que o seu negócio possui como forma de gerar renda extra a longo prazo. Podem ser ações, títulos ou fundos mútuos, ou mesmo terrenos que a empresa está mantendo para fins de investimento;
- **Ativo fixo:** os ativos imobilizados mais comuns são móveis e equipamentos de escritório, sistemas de informática, veículos e vitrines de loja. Se sua empresa possui ativos fixos no balanço patrimonial, ela também terá depreciação acumulada, que é registrada na conta redutora do ativo fixo que contém todas as despesas de depreciação contabilizadas até o momento;
- **Ativo intangível (ou outros):** são as patentes e marcas registradas, que têm muito valor, mas não forma física real. A sua redução de valor é medida ao longo do tempo como despesa de amortização (bastante semelhante à despesa de depreciação), mas geralmente não há uma conta redutora de amortização acumulada. Em vez disso, para fins contábeis, a conta de ativo diminui à medida que perde valor ao longo do tempo.

Em grande parte das empresas recém-abertas e pequenas, a maioria dos ativos é o circulante e o fixo, de modo que a seção de ativo do balanço patrimonial será breve.

CATEGORIAS DE PASSIVOS

Como você aprendeu no Capítulo 4, há dois tipos básicos de passivos: circulante e longo prazo. Aqui, veremos como as contas de passivo aparecem no balanço patrimonial.

O passivo circulante abrange todas as dívidas ou obrigações que vencem dentro de um ano da data do balanço patrimonial, principalmente as relacionadas ao dia a dia, como contas a pagar e impostos sobre vendas a pagar (você notará que os passivos circulantes contêm a expressão "a pagar" em sua nomenclatura). O passivo circulante também pode incluir despesas acumuladas (como impostos ou salários, despesas incorridas mas ainda não pagas) no caso de empresas que usam o regime contábil de competência.

O passivo de longo prazo são dívidas e obrigações que ficarão em aberto por mais de um ano; no entanto, a parte de um passivo de longo prazo que vence nos próximos 12 meses geralmente é colocada na categoria circulante. Esses passivos de longo prazo, em geral, abrangem empréstimos, como aqueles para abertura de empresas ou para compra de imóveis.

PATRIMÔNIO LÍQUIDO DO PROPRIETÁRIO

O último componente do balanço patrimonial é o patrimônio do proprietário, e a sua apresentação varia de acordo com o tipo de entidade comercial. Empresas individuais, parceria e a maioria das LTDAs apresentam contas de capital do proprietário. Já nas corporações, ocorre uma combinação de patrimônio líquido e lucros acumulados. Qualquer que seja o formato, o patrimônio do proprietário reflete o patrimônio líquido da empresa.

DEMONSTRAÇÃO DO FLUXO DE CAIXA

Para onde foi todo o dinheiro?

Demonstrações do fluxo de caixa são os relatórios financeiros mais complicados de serem preparados no fim de cada período contábil. Um programa contábil, porém, o elabora em um piscar de olhos. Esse relatório, que é o mais importante para manter seu negócio funcionando, mostra o movimento de caixa da empresa. Se você quiser tentar preparar esse demonstrativo sem a ajuda de um software (faça isso pelo menos uma vez, só pela experiência), o saldo final de caixa lhe dirá de imediato se você calculou tudo certo ou não. Isso porque o saldo de caixa final deve ser igual ao valor atual do caixa.

O QUE O RELATÓRIO ABRANGE?

A demonstração do fluxo de caixa abrange o mesmo período de tempo que o demonstrativo de lucros e prejuízos. Por exemplo, se este cobre um mês, então aquela também deve cobrir esse mesmo mês. A demonstração do fluxo de caixa começa com o saldo de caixa inicial do período (que é igual ao saldo de caixa final do último período). Em seguida, há três categorias (que aparecem no relatório em seções separadas) que mostram como se deu a entrada e a saída de caixa em sua empresa:

- Atividades operacionais;
- Atividades de investimento;
- Atividades financeiras.

A categoria atividades operacionais inclui todas as transações diárias regulares que trazem dinheiro para a empresa ou o consomem. Principalmente, as receitas e despesas. Já em atividades de investimento, você encontra compra e venda de ativos de longo prazo usados pela empresa. Esses ativos podem ser: ações e títulos, bem como ativos fixos e melhorias na propriedade (por exemplo, a reforma de um prédio). A seção atividades financeiras abrange tudo quanto você faz para levantar dinheiro para o seu negócio, como empréstimos ou contribuições de capital; também inclui os pagamentos de dívidas ou dividendos.

POR QUE SABER A FONTE DE CAIXA É IMPORTANTE?

Das três categorias que detalham o fluxo de caixa, a de atividades operacionais é a mais importante. Ela mostra se a empresa está conseguindo manter o caixa positivo apenas com suas transações diárias. Se a empresa estiver gerando caixa suficiente para sobreviver com suas atividades operacionais, as chances de se manter no mercado e crescer são muito boas.

No entanto, se a empresa só consegue ganhar dinheiro vendendo ativos, assumindo dívidas ou usando seus fundos pessoais, então o futuro dela pode estar em xeque. Nenhuma dessas soluções é de longo prazo. Caso venda todos os ativos, eles não poderão gerar receita para você. A dívida tem que ser paga, no prazo e com juros, ou você acabará indo à falência. Embora a dívida possa ser refinanciada, assumir outras com o único propósito de pagar a existente pode virar uma bola de neve. Por fim, você abriu um negócio na esperança de gerar riqueza para si e sua família; drenar seu dinheiro pessoal para financiar uma empresa em dificuldades não atingirá esse objetivo.

Talvez o relatório mais importante para os investidores

Muitas vezes, investidores, ao analisar as demonstrações financeiras de uma corporação, ignoram o fluxo de caixa. No entanto, esse talvez seja o relatório mais importante. Se uma empresa estiver perdendo dinheiro em suas atividades operacionais e tomando empréstimos para cobrir o furo de caixa, suas chances de permanecer de portas abertas são muito pequenas, e esse é um bom momento para se desfazer do investimento.

QUAL É A APARÊNCIA DO DEMONSTRATIVO?

Há dois formatos diferentes disponíveis para uso na demonstração do fluxo de caixa: direto ou indireto. Este último é mais simples de preparar e, por isso, é mais popular. A diferença de formato aparece apenas na seção de atividades operacionais; as outras têm a mesma aparência.

O método direto

O método direto agrupa as principais fontes de recebimento de caixa e pagamentos de caixa. Por exemplo, o dinheiro usado para pagar estoque é listado separadamente do utilizado para pagar os colaboradores. O caixa que entra e o que sai são somados para calcular o caixa total obtido (ou usado, se for negativo) com as atividades operacionais. Isso pode ser complicado para empresas usando o regime de competência, que talvez não separem as transações com ou sem dinheiro. Por exemplo, todas as vendas seriam registradas na conta de vendas, independentemente de serem vendas à vista ou a prazo. Como as transações em dinheiro aparecem nesse demonstrativo, as empresas que desejam usar o método direto podem precisar alterar o modo como registram e controlam as transações.

O método indireto

O método indireto começa com o lucro líquido (ou prejuízo líquido) no período e o converte em fluxo de caixa. Por exemplo, as despesas não monetárias, como depreciação, são somadas de volta ao resultado final, e provisões e diferimentos (usados no regime de competência) são convertidos em seu efeito caixa. Eis como funciona uma conversão: uma diminuição no contas a receber do período anterior a este indica que entrou mais dinheiro, pois o contas a receber diminui com os pagamentos dos clientes. Isso converte as informações no contas a receber em efeito caixa para esse período. A estratégia básica de conversão é a seguinte: aumentos em ativos, como contas a receber, se traduzem em reduções no caixa, e vice-versa; os aumentos em passivos, como contas a pagar, levam a aumentos no caixa, e vice-versa.

Seja qual for o formato de apresentação escolhido, os resultados serão os mesmos. Os dois métodos mostram os movimentos de entrada e saída de caixa do seu negócio. A maioria dos softwares contábeis lhe permite escolher o método de sua preferência e alternar entre eles.

O QUE DIZEM AS DEMONSTRAÇÕES FINANCEIRAS

Leia nas entrelinhas numéricas

Agora que você já sabe como preparar essas importantes demonstrações financeiras, vamos analisar o que elas podem lhe dizer. Esses relatórios são ricos em informações: basta saber onde procurá-las. Mais do que apenas um parâmetro para o desempenho passado, as demonstrações financeiras fornecem pistas importantes para maximizar a lucratividade, melhorar o fluxo de caixa e expandir seus negócios com sucesso. Elas ajudam na tomada de decisões, grandes e pequenas, e talvez até indiquem direções com as quais você nunca sonhou. Não importa se sua empresa foi recém-aberta ou tem muitos anos, há muito a aprender com os relatórios financeiros, e este é o momento ideal para isso.

Além de elaborar esses demonstrativos para a sua própria análise, talvez você precise prepará-los para que outra pessoa os examine. Por exemplo, a demonstração de lucros e prejuízos aparecerá na declaração de imposto da empresa. Quando você tem um empréstimo bancário, o banco pode querer analisar o seu balanço patrimonial.

Da perspectiva do investidor, essa análise também é importante. Se você estiver pensando em investir seu suado dinheiro no mercado de ações, confira as demonstrações financeiras das empresas que podem fazer parte da sua carteira. As mesmas informações, com apresentações iguais, são vistas em todos os tipos de relatórios financeiros, seja revelando os resultados do primeiro ano de atividade de uma pequena empresa ou o desempenho financeiro de uma corporação presente na lista das 500 maiores da revista *Fortune*.

O QUE OS DEMONSTRATIVOS DE SUA EMPRESA PODEM LHE DIZER?

Pelo valor de face, as demonstrações financeiras lhe dizem muito sobre o desempenho de sua empresa. A demonstração de lucros e prejuízos lhe informa quanto a empresa vendeu e se essas vendas resultaram em lucratividade geral. O balanço patrimonial mostra a posição da empresa em determinado momento, além de fornecer uma visão geral de sua situação financeira. A demonstração do fluxo de caixa apresenta a movimentação de dinheiro na empresa e se as operações estão gerando ou drenando dinheiro. Todos esses dados são fundamentais para seus planos futuros, mas na verdade são apenas uma pequena parte de todo o conhecimento que você pode obter a partir desses relatórios.

Ao se aprofundar na análise desses demonstrativos, adicionando um pouco de matemática à mistura, você se depara com um mundo totalmente novo de informações a serem usadas para melhorar seus negócios. Com um exame criterioso, fica mais claro perceber as relações entre as contas e como impactam umas às outras. Diferentes maneiras de mensurar os mesmos números oferecem novas perspectivas e insights, e acabam gerando ideias inovadoras e lucrativas. As demonstrações financeiras podem gerar informações como:

- Se sua empresa tem liquidez suficiente;
- Se o estoque da sua empresa está alto;
- Se você precisa rever as condições de pagamento dos clientes;
- Se está cobrando o suficiente por seus produtos e serviços;
- Como usar melhor seus ativos;
- Quando é seguro assumir alguma dívida;
- Se há problemas financeiros sérios à vista;
- Qual a situação da sua empresa em relação aos concorrentes;
- Como a empresa está se saindo segundo os padrões do setor;
- Se a empresa está pronta para crescer.

Quanto mais você souber a respeito do negócio, maiores as chances de sucesso. Perceber as possíveis áreas problemáticas antes que se transformem em grandes crises pode salvar uma empresa da falência. Planejar e permitir o crescimento do negócio colabora para uma expansão mais lucrativa. Todas essas informações estão à sua disposição nas demonstrações financeiras; tudo o que você precisa fazer é analisá-las.

O CAPITAL DE GIRO INDICA A SAÚDE FINANCEIRA

Você pode dizer muito sobre a situação financeira atual de um negócio observando seu capital de giro. Esse cálculo simples do balanço patrimonial lhe permite ver se uma empresa está utilizando bem seus recursos. Para calcular o capital de giro, você subtrai o passivo circulante do ativo circulante:

ativo circulante – passivo circulante = capital de giro

Por que isso é tão importante? Porque, se o passivo circulante de uma empresa for maior do que seu ativo circulante, talvez ela não consiga pagar suas contas, pelo menos em curto prazo. Em casos mais extremos, o capital de giro negativo pode acabar em falência ou dissolução da empresa. Além disso, o capital de giro indica se o negócio opera de modo eficiente. Se o seu valor estiver muito elevado, isso é um indício de que a empresa tem muito estoque parado (ou estoque de baixa movimentação) ou que os clientes do contas a receber não estão pagando as faturas em dia. Ativos vinculados, como estoque ou contas a receber, ainda são ativos circulantes, mas não podem ser usados para pagar as contas.

Para saber rapidamente como está o capital de giro de sua empresa (ou o de uma empresa na qual pensa investir), calcule o índice de capital de giro – o ativo circulante total dividido pelo passivo circulante total. Em geral, um índice saudável fica entre

1,2 e 3,0, dependendo do tamanho da empresa e do setor de atividade. Se estiver abaixo de 1,0, significa que a empresa tem capital de giro negativo e é provável que não consiga pagar as contas em dia. O índice de capital de giro também é chamado de índice de liquidez corrente.

UM POUCO MAIS DE MATEMÁTICA PODE REVELAR MUITO

Além de saber o capital de giro e o índice de capital de giro (ou liquidez corrente), há mais alguns indicadores capazes de informar como uma empresa está se saindo.

Liquidez seca

A liquidez seca é semelhante ao índice de liquidez corrente, mas não leva o estoque em consideração. Esse cálculo apresenta uma avaliação mais honesta da capacidade de uma empresa de pagar suas contas. Veja como você calcula o índice de liquidez seca:

(ativo circulante – estoque) ÷ passivo circulante

Alguns gurus de negócios recomendam focar esse índice, pois nem sempre é possível contar com o estoque para gerar o dinheiro que foi gasto para comprá-lo. Por exemplo, se sua loja precisar retirar as peças de praia das prateleiras para abrir espaço para os casacos de inverno, você pode vendê-las com grandes descontos – até mesmo por valores abaixo do custo – apenas para se livrar delas. Além disso, o estoque nem sempre é vendido com a rapidez que você gostaria.

Índice de endividamento sobre o patrimônio líquido

Outro bom indicador da solvência de uma empresa – dessa vez, em longo prazo – é o endividamento em relação ao patrimônio líquido. Esse índice é calculado da seguinte maneira:

passivo total ÷ patrimônio líquido total

Esse cálculo informa o quanto a sobrevivência de uma empresa está condicionada às suas dívidas. Se a dívida supera o patrimônio (que significa posse), isso pode indicar problemas financeiros no horizonte. Por esse motivo, chegar a um resultado menor é melhor do que a um maior.

O que é o patrimônio?

A conta de patrimônio líquido que aparece no balanço patrimonial varia de acordo com a estrutura do negócio. Se for uma sociedade individual ou parceria, haverá uma conta de capital para cada proprietário (nos EUA). Se for uma corporação, o patrimônio dos acionistas incluirá, no mínimo, ações ordinárias e lucros acumulados.

DEMONSTRAÇÕES FINANCEIRAS DO PONTO DE VISTA DE UM INVESTIDOR

Antes de investir até mesmo R$ 1 em ações de uma corporação, dê uma boa olhada nas suas demonstrações financeiras mais recentes (preferencialmente dos últimos anos). As mesmas informações que você usaria para avaliar a saúde e o potencial do seu próprio negócio podem dizer muito sobre um investimento em potencial. Embora você encontre esses dados no relatório anual, para cortar o papo de vendedor, vá direto às demonstrações financeiras auditadas que a empresa precisa enviar para a SEC (Comissão de Valores Mobiliários).[36]

36 No Brasil, grandes empresas publicam balanços financeiros em jornais de grande circulação; há sites especializados nesta função. O Banco Central compila os balanços de bancos e outras instituições financeiras em www.bcb.gov.br/estabilidadefinanceira/balancetesbalancospatrimoniais. Para empresas de capital aberto, em geral, pode-se consultar os balanços e outras informações financeiras no site da B3: www.b3.com.br/pt_br/produtos-e-servicos/negociacao/renda-variavel/empresas-listadas.htm. [N.R.T]

No site da SEC (www.sec.gov), há um amplo banco de dados on-line chamado EDGAR (Electronic Data Gathering, Analysis and Retrieval – Coleta, Análise e Recuperação de Dados Eletrônicos, em português), com todos os registros corporativos enviados à agência – mais de 20 milhões de documentos. Ali, as demonstrações financeiras anuais auditadas são incluídas em um arquivo chamado 10-K. Essas informações estão disponíveis tanto para investidores individuais quanto para grandes investidores institucionais.

Preste atenção às notas explicativas

Há uma frase conhecida entre os profissionais da área financeira: é nas notas explicativas que os contadores escondem os problemas. Isso porque as notas explicativas das demonstrações financeiras são bastante parecidas com as letras miúdas dos contratos; a maioria das pessoas não tem estômago para ler tudo até o fim. Algumas empresas usam isso a seu favor.

Parece algo suspeito, mas não é. Na verdade, é perfeitamente legal e muito comum que esse tipo de informação seja divulgado nas notas explicativas dos relatórios financeiros da corporação. E mesmo quando uma empresa não tem nada a esconder, as notas explicativas podem fornecer detalhes sobre as operações atuais e os planos futuros do negócio – e é essa informação que os investidores precisam saber. As notas explicam todos os números encontrados nos relatórios, indicando como foram calculados e detalhando as explicações dos resultados.

Na primeira seção das notas (explicações sobre as demonstrações financeiras), você encontra detalhes sobre as práticas contábeis adotadas pela corporação, incluindo os métodos de avaliação utilizados e quando é reconhecida a receita, uma parte essencial dos lucros da empresa. Para avaliar se as escolhas fazem sentido ou não, você pode analisar qual é o padrão do setor a fim de verificar se essa empresa o está seguindo. Se esse não for o caso e a corporação que você está pensando em comprar estiver usando um método contábil mais agressivo, isso pode ser um sinal de alerta de que ela tenta esconder um desempenho negativo ou usa um truque contábil para fazer os resultados parecerem melhores do que são.

A seção seguinte das notas explicativas, em geral, inclui detalhes importantes, principalmente informações necessárias, mas que não se encaixam nas demonstrações financeiras. Algumas informações que você pode encontrar são:

- Correções de erros;
- Ajustes contábeis;
- Mudanças nos procedimentos contábeis;
- Endividamento de longo prazo;
- Plano de participação acionária dos colaboradores;
- Opções de ações disponíveis;
- Processos legais em curso ou futuros.

Tenha em mente que a linguagem utilizada nas notas explicativas costuma ser cheia de jargões legais, dificultando a leitura. Embora nem sempre seja o caso, parágrafos longos e linguagem complexa podem ser usados para esconder informações que a empresa não deseja que os investidores leiam. Dando um exemplo clássico, a Enron de fato divulgou a maioria de seus delitos nas notas explicativas de suas demonstrações financeiras, mas praticamente ninguém as leu.

DEMONSTRAÇÕES FINANCEIRAS ALIMENTAM DECLARAÇÕES FISCAIS

A Receita Federal quer saber tudo

Sabe todo aquele trabalho contábil que você fez durante o ano? Você o usará para preparar a declaração de imposto da empresa. Em todos os setores de atividade, a declaração do imposto depende principalmente do tipo de negócio (se é empresa individual, parceria, LTDA ou corporação). Ela deve ser apresentada todos os anos, independentemente de a empresa ter auferido lucros ou sofrido perdas. No entanto, apenas os lucros geram imposto de renda – o que é um problema muito bom de se ter.

Na verdade, as demonstrações financeiras foram criadas para: satisfazer aos cobradores de impostos. Sem esses relatórios, nem você, nem a autoridade fiscal saberiam se a empresa estava auferindo lucros, o valor de seus ativos ou que tipo de estrutura de capital estava em vigor. Todas essas informações vão das demonstrações financeiras diretamente para as declarações fiscais.

DECLARAÇÃO DE IMPOSTO OU DEMONSTRAÇÃO FINANCEIRA?

Quando você olha pela primeira vez para qualquer formulário de declaração de imposto, percebe que ele se assemelha aos demonstrativos financeiros, só que em branco. Afinal, a declaração de imposto é um formulário padrão para relatar receitas, custos, despesas e lucro ou prejuízo líquido da empresa. Algumas declarações fiscais também pedem informações do balanço patrimonial; e esse formulário se parece com um balanço patrimonial em branco, cujos espaços você precisa preencher.

O layout é a maior diferença entre as demonstrações financeiras e a declaração de imposto. Para fins fiscais, você agrupa os números de maneira diferente do que faria para sua própria análise ou seu planejamento. Por exemplo, em algumas declarações de imposto de renda, há uma única linha para despesas fiscais. Nela você reúne os impostos sobre folha de pagamento, propriedade e quaisquer outros não baseados em renda. No seu demonstrativo de lucros e prejuízo, porém, você lista separadamente os impostos muito diferentes. É provável também que a ordem dos itens na declaração de imposto não seja a mesma encontrada nas suas demonstrações financeiras. No entanto, todas as receitas, despesas e todos os custos que você registrou ao longo do ano aparecerão na declaração de imposto, de uma forma ou de outra.

O mesmo vale para declarações de imposto que incluem balanços patrimoniais reduzidos (é o caso de algumas corporações e parcerias). Para declarações de imposto, todos os saldos das contas de ativo, passivo e patrimônio precisam ser incluídos (ou o relatório ficará desbalanceado), mas esses itens não aparecerão necessariamente da mesma maneira que em seu balanço patrimonial.

SE A EMPRESA NÃO PAGA IMPOSTOS, POR QUE ENVIA A DECLARAÇÃO?

Essa é uma pergunta bastante comum entre os novos pequenos empresários, pois muitas dessas empresas não pagam imposto de renda. Exceto para corporações C (e empresas de responsabilidade limitada que optam por ser tratadas como corporações C), todas as outras empresas são o que os contadores chamam de entidades de passagem. Ao contrário das demais, as corporações C estão sujeitas a pagar imposto de renda.

O enigma da dupla tributação

No caso das corporações C, os lucros são taxados duas vezes. Primeiro, a corporação paga imposto de renda sobre seus lucros no ano. Em seguida, os acionistas têm que pagar imposto sobre qualquer distribuição de lucros, ou dividendos. Se você possui uma corporação C e retira parte dos lucros, acaba de ganhar dividendos sujeitos a imposto de renda.[37]

Nos EUA, as parcerias e (a maioria de) as LTDAs devem preencher e enviar o Formulário 1065. A partir daí, cada sócio ou membro da empresa LTDA recebe um Formulário K-1 que detalha sua participação nas receitas, custos, despesas e lucros (ou perdas) da empresa. As corporações S enviam o Formulário 1120-S, novamente gerando os Formulários K-1 para os proprietários.[38]

37 Lucros não são tributados no Brasil. [N.R.T]

38 O IRPJ pago pelas empresas tem alíquotas mais baixas que o pago a pessoas físicas. Enquanto o das pessoas físicas tem teto de 27,5%, o das jurídicas tende a ser bem mais baixo. O valor de imposto pago por empresas depende do volume de faturamento e do regime de tributação. Microempreendedores individuais, por exemplo, não pagam IRPJ, e toda a sua tributação é como pessoa física. Por outro lado, micro e pequenas empresas optantes pelo Simples pagam via Documento de Arrecadação do Simples Nacional (DAS). Para empresas maiores, os regimes de tributação incluem: 1) Lucro Real, declara sempre em 31 de dezembro e depende do tipo de atividade da empresa, e é necessário enviar informações mais detalhadas ao Fisco, 2) Lucro Presumido, em que as declarações são trimestrais e anuais, reservadas para empresas que não são pequenas o suficiente para serem enquadradas no Simples Nacional, nem grandes o bastante para o Lucro Real, e 3) Lucro Arbitrado, em que as declarações podem ser trimestrais, e é utilizado pelo Fisco para tributar atividades em que não foi possível calcular com exatidão o fluxo de dinheiro de cada empresa. [N.R.T]

COMO AS DEMONSTRAÇÕES SE CONECTAM

Esse número vai para lá agora

Embora contenham informações muito distintas, as três principais demonstrações financeiras estão conectadas. Na verdade, você não pode gerar um balanço patrimonial sem primeiro elaborar uma demonstração de lucros e prejuízos, nem fazer um demonstrativo do fluxo de caixa sem já ter produzido os outros dois relatórios.

Um olhar para trás

Não importa com qual demonstrativo você esteja trabalhando, todos os números sairão do livro-razão geral (exceto aqueles determinados em cálculos nas próprias demonstrações). Todos esses demonstrativos também falam do passado da empresa; eles relatam o que aconteceu durante o período anterior, e não o que está por vir.

A demonstração de lucros e prejuízos contém os ganhos finais do período, sejam eles positivos (lucros) ou negativos (prejuízos). Esses ganhos são lançados no patrimônio do proprietário, no balanço patrimonial, no fim do período. Sem essa etapa, o balanço não se manteria equilibrado; a conta de patrimônio líquido não fica completa até que reflita os lucros do período corrente.

O balanço patrimonial é uma espécie de intermediário das demonstrações financeiras. Do demonstrativo de lucros e prejuízos, ele extrai informações, mas em relação à demonstração do fluxo de caixa, ele as oferece. Como você pode imaginar, a demonstração do fluxo de caixa precisa saber com quanto dinheiro a empresa iniciou o período e, em seguida, chegar ao saldo final de caixa. Às vezes, também precisa de informações adicionais do balanço patrimonial, como as mudanças no contas a receber e no contas a pagar. Além disso, ela oferece algo de volta ao balanço patrimonial: a verificação. Se o caixa final no balanço patrimonial não corresponder ao caixa final na demonstração do fluxo de caixa, há um erro em algum lugar que precisa ser corrigido.

O demonstrativo do fluxo de caixa também extrai informações da demonstração de lucros e prejuízos. As receitas geram caixa, mesmo que não seja imediato (como no caso das vendas a prazo). Os custos e as despesas consomem dinheiro, embora, novamente, o impacto nem sempre apareça de imediato.

RECEITAS E DESPESAS NO BALANÇO PATRIMONIAL

As contas de receita, custo e despesa não aparecem diretamente no balanço patrimonial, mas grande parte de suas transações afetam as contas do balanço. É impossível uma empresa fazer uma venda, pagar uma despesa ou calcular custos sem envolver uma conta de ativo ou passivo; e, no final, o resultado líquido de receitas, custos e despesas provoca uma mudança no patrimônio líquido dela.

Ao realizar uma venda, essa operação atinge a conta caixa ou contas a receber. Se essa venda envolveu um produto, o estoque entra em ação. Já pagar aluguel, seguro, material de escritório e energia elétrica aumenta as despesas da empresa, atingindo, assim, o caixa ou o contas a pagar.

Então, perceba: mesmo antes do lucro líquido (ou prejuízo) do período fiscal ser acumulado no patrimônio, cada transação de receita, custo e despesa afeta o balanço patrimonial... e isso vale em ambos os sentidos.

ATIVOS E PASSIVOS AFETAM A DEMONSTRAÇÃO DE LUCROS E PREJUÍZOS

Acabamos de ver como receitas e despesas têm um efeito diário sobre o balanço patrimonial. Agora daremos uma olhada em como as mudanças no balanço podem afetar a demonstração de lucros e prejuízos.

Cada ativo fixo de uma empresa está sujeito à depreciação – uma despesa. O mesmo vale para ativos intangíveis e despesas de amortização. Essas despesas, geradas pelos ativos, fazem uma rápida inversão de marcha e voltam ao balanço patrimonial como depreciação acumulada e amortização acumulada (ou como redução direta do saldo de ativos intangíveis).

Passivos de longo prazo também podem ativar contas na demonstração de lucros e prejuízos. Por exemplo, títulos a pagar (*notes* e *bonds*, como financiamento imobiliário ou empréstimos de acionistas) geram despesa com juros.

TUDO IMPACTA O FLUXO DE CAIXA

Cada conta do balanço patrimonial e cada receita, custo ou despesa que aparece na demonstração de lucros e prejuízos afetam (ou eventualmente afetarão) o caixa. Por meio de adiantamentos (entrada) ou pagamento de empréstimos, a compra de ativos reduz o caixa. O pagamento de passivos também. As retiradas do proprietário e os pagamentos de dividendos diminuem o caixa. As vendas aumentam o caixa; custos e despesas consomem o caixa. Todas as transações, exceto as não monetárias – como registrar despesas de depreciação ou converter o estoque em custo de mercadorias vendidas – mexem com o caixa de alguma maneira, em algum momento.

Como você pode ver, registrar transações, preparar demonstrações financeiras e analisar os resultados é um processo demorado e trabalhoso, mas fundamental para a contabilidade. Felizmente, não precisamos mais fazer tudo isso manualmente, pois, a cada ano, os programas contábeis lidam mais e mais com esses procedimentos.

Capítulo 7: A contabilidade evolui

Agora que você conhece os meandros da contabilidade, é hora de pensar no que o futuro reserva para a área. Em grande parte, o futuro do setor depende das mudanças políticas, sociais e econômicas. O que sabemos com certeza é que os contadores se adaptarão e ampliarão suas habilidades para suprir as necessidades das pessoas e das empresas. Sem dúvida, os avanços tecnológicos empurrarão algumas tarefas contábeis tradicionais para segundo plano, a fim de preparar o terreno para novas direções e novos recursos.

Antes de saltar para o futuro, porém, os contadores ainda precisam entender o passado, o que veremos neste capítulo. Os acontecimentos históricos – quebras da bolsa de valores, falências de bancos, recessões, epidemias de fraude e outros – desempenham um papel importante na formulação de regras e regulamentos que orientam a profissão.

Independentemente do que aconteça amanhã, há algo que não mudará: débitos à esquerda, créditos à direita.

AS GRANDES EMPRESAS DE CONTABILIDADE

E então havia quatro

Na década de 1970, surgiram oito grandes empresas de contabilidade nos Estados Unidos. Elas eram chamadas de Oito Grandes e concentravam a maior receita do setor. As corporações de maior sucesso e prestígio contratavam essas empresas para auditar suas demonstrações financeiras, e os investidores e reguladores confiavam plenamente na integridade dos contadores dessas empresas. O nome das Oito Grandes podem ser familiares (alguns devido a escândalos por motivos nada lisonjeiros):

1. Deloitte Haskins & Sells;
2. Touche, Ross & Co.;
3. Arthur Andersen & Co.;
4. Arthur Young & Co.;
5. Price Waterhouse;
6. Coopers & Lybrand;
7. Ernst & Whinney;
8. Peat, Marwick, Mitchell & Co.

O ano de 1989 assistiu a duas enormes fusões, levando o total para as Seis Grandes. A Deloitte Haskins & Sells juntou-se à Touche, Ross & Co. para formar a Deloitte & Touche; e a Arthur Young & Co. fundiu-se com a Ernst & Whinney para criar a Ernst & Young. Passados nove anos, em 1998, a Price Waterhouse se uniu à Coopers & Lybrand, resultando na PricewaterhouseCoopers.

Um escândalo trouxe o novo total para Quatro Grandes em 2002, quando a Arthur Andersen & Co. fechou as portas logo após o desastre da Enron. Embora a confiança nessas megaempresas de contabilidade não seja mais a mesma, as Quatro Grandes ainda carregam o maior prestígio e poder do setor.

A PWC FATURA MAIS

Em termos de receitas, a PwC (como a PricewaterhouseCoopers agora é conhecida) lidera o grupo das Quatro Grandes. Ela tem mais de 208 mil colaboradores profissionais prestando serviços em 157 países e suas receitas atuais chegam a 35,4 bilhões de dólares.

A PwC atua em serviços tradicionais de contabilidade, principalmente auditorias, ficando com 29% do trabalho de auditoria para as 500 maiores empresas globais da revista *Fortune*, juntamente com 56% dos outros serviços para esse ilustre grupo. Alguns clientes desse gigante da contabilidade: Goodyear, ExxonMobil e Bank of America.

A DELOITTE DOS EUA MUDA DE DIREÇÃO

Agora fazendo parte da multinacional Deloitte Touche Tohmatsu Limited (DTTL), com sede no Reino Unido, a Deloitte dos EUA atende a maioria das empresas da *Fortune 500*. Para tanto, ela emprega mais de 225 mil profissionais em 150 países. Fatura cerca de 35,2 bilhões de dólares por ano.

Embora a Deloitte dos EUA ofereça serviços de contabilidade, auditoria e tributação, seu foco mudou para serviços de consultoria de negócios.

A EY ESTÁ CRESCENDO RÁPIDO

A EY era conhecida como Ernst & Young até 2013 e, juntamente com a mudança de nome, sua filosofia também mudou, redefinindo o propósito da empresa como "Construir um mundo de negócios melhor". Embora não seja a maior das Quatro Grandes, a EY foi a que mais cresceu em termos de receitas e pessoal. Em

2015, sua força de trabalho aumentou 12,3%, chegando a 211.450 colaboradores em todo o mundo; no mesmo ano, suas receitas também aumentaram 12%, ultrapassando a marca de 28 bilhões de dólares.

Além dos serviços tradicionais de contabilidade, a EY agora se especializa em áreas como mudanças climáticas e sustentabilidade, redes globais de negócios e mercados em crescimento. A empresa também é conhecida por sua equipe diversificada e seu compromisso em minimizar sua pegada ecológica global.

A KPMG FAZ SUCESSO

Em 1987, a Peat Marwick International fundiu-se com a Klynveld Main Goerdeler (KMG) para formar a KPMG (Klynveld Peat Marwick Goerdeler), criando a maior empresa de contabilidade do mundo (na época). A união da base norte-americana da Peat Marwick com a base europeia da KMG solidificou sua posição no crescente mercado financeiro internacional.

Com quase 174 mil funcionários no mundo todo, a KPMG atende 155 países. Suas receitas atingiram 24,4 bilhões de dólares em 2015, consolidando seu lugar nas Quatro Grandes. Entre seus clientes mais importantes, a KPMG tem prestado serviços de contabilidade para o Departamento de Segurança Interna dos EUA, Burger King e General Electric.

ESCÂNDALOS NO MUNDO CONTÁBIL

O reparo está em andamento

Sempre que há dinheiro em jogo, fraudes e escândalos podem acontecer. Crimes de colarinho branco, como apropriação indébita e fraude corporativa, são bastante comuns. Infelizmente, a ganância e a corrupção afetam até mesmo os profissionais em quem devemos depositar nossa confiança: os contadores.

Muitas vezes, grandes escândalos financeiros (como a falência de grandes bancos em 2008 e uma enorme onda de fraudes no início dos anos 2000) resultam em nova legislação e um escrutínio mais rigoroso. Mudanças do tipo acabam adicionando peso à responsabilidade corporativa e orientando melhor os milhões de contadores éticos que existem por aí.

Vamos dar uma olhada em alguns dos escândalos contábeis mais famosos e as mudanças nas legislações inspiradas, em parte, por eles.

O MAREMOTO DA ENRON

Antes de toda a verdade vir à tona em 2001, o público acreditava que a Enron era uma das empresas de maior sucesso nos Estados Unidos. Como se viu, a empresa enganou reguladores e investidores com um elaborado esquema contábil que deixava de fora do balanço patrimonial centenas de milhões de dólares em dívidas, escondidas da vista de todos.

Além disso, os executivos da empresa também mexiam nas receitas criando empresas de fachada (uma empresa inativa aberta para fins de manobra financeira), que usavam para inflar sua renda. Os ganhos da Enron foram muito inflados, mas isso não soou nenhum alarme para a empresa que a auditava, a Arthur

Andersen. Na verdade, esta nunca relatou nem um problema sequer e continuou assinando as demonstrações financeiras fraudulentas da corporação. Quando a Enron atingiu o fundo do poço e declarou falência em 2001, milhares de colaboradores perderam o emprego, e milhões de investidores viram suas participações despencarem de valor.

Um desvio de recursos, ainda que pequeno, é considerado fraude?

Tudo é considerado fraude, desde executivos que fraudam relatórios de despesas de milhões de reais a balconistas que embolsam R$ 50 da caixa registradora. Sempre que uma pessoa quebra a confiança nela depositada, apropriando-se de ativos em favor próprio, essa pessoa está cometendo fraude.

O GOLPE DAS OPÇÕES COM DATA RETROATIVA

Uma onda de escândalos atingiu o mundo corporativo em meados dos anos 2000, levando a mais de cinquenta demissões de altos executivos em todos os Estados Unidos. Muitas empresas de renome ficaram marcadas pelos escândalos, como:

- Cheesecake Factory;
- Staples;
- UnitedHealth Group;
- Apple;
- E muitas outras.

A história tem início na década de 1970, quando uma nova regra contábil permitiu que as empresas pagassem seus executivos com opções de ações *at the money* (ou seja, as opções eram concedidas no preço de mercado daquele dia) sem precisar registrar nenhuma despesa salarial. Basicamente, elas poderiam pagar mais aos seus executivos sem prejudicar o resultado final, embora ainda recebessem uma dedução para fins fiscais.

Alguns executivos sem escrúpulos perceberam que poderiam interferir nisso escolhendo uma data anterior quando a ação era negociada a um preço muito baixo, e então alteravam a data de suas opções. Por exemplo, se um CEO recebesse opções de ações em 1º de maio, quando as ações estavam sendo negociadas a R$ 250 por ação, essa seria a sua base de cálculo, e ele teria que esperar o preço das ações aumentar antes de lucrar. No entanto, se ele alterasse a data para 10 de março, quando as ações eram negociadas por apenas R$ 220 cada, ele lucraria imediatamente. Com a data retroativa, ele podia comprar a ação por R$ 220 em 1º de maio e vendê-las pelo preço atual de negociação de R$ 250, obtendo um lucro de R$ 30 por ação.

Após a exposição do fato por um jornalista ganhador do Pulitzer no *Wall Street Journal* e uma intensa investigação da SEC (Comissão de Valores Mobiliários), os executivos que se beneficiaram dessa conduta se demitiram, envergonhados, e as regras contábeis foram alteradas. Para combater essa fraude, as empresas agora precisam relatar quaisquer opções de ações que concedam no prazo máximo de dois dias.

EMPRESAS GLOBAIS E LOCAIS NAS MANCHETES

Nos últimos anos, vimos como as fraudes corporativas impactam bastante a nossa vida, não apenas os mercados financeiros. Algumas foram grandes, outras pequenas, mas todas colocaram em xeque a confiabilidade das demonstrações financeiras e da governança corporativa. A seguir, resumimos alguns exemplos de fraudes que ganharam as manchetes:

- Em 2016, três antigos executivos da Tesco (rede de supermercados britânica) foram acusados de fraude criminal ligada a um escândalo contábil de 420 milhões de dólares descoberto em 2014;
- Investigadores ainda estão apurando o esquema contábil da Valeant Pharmaceuticals que envolveu, entre outras coisas, um relacionamento corporativo secreto, alterações no estoque e sinistros fraudulentos de seguro;
- O escândalo da Volkswagen levou ao recall de milhões de carros, juntamente com uma enorme queda do preço das ações da empresa e uma perda de 20 bilhões de dólares em capitalização de mercado.

Ainda é bastante comum encontrar esquemas fraudulentos em empresas, e CPAs e contadores forenses trabalham incansavelmente para diminuir sua ocorrência e seu impacto. No entanto, a rapidez com que as economias mudam e o aumento de laços comerciais internacionais dificultam o rastreamento desses golpes; além disso, as diferentes regulamentações dos países atrapalham ainda mais a questão. É por esse motivo que a profissão contábil está em constante evolução – para enfrentar os desafios de amanhã.

GRANDES MUDANÇAS NO SETOR

Do ábaco ao aplicativo

Como aconteceu nos demais setores, os avanços tecnológicos mudaram a área contábil. Os dias de somar longas colunas de números, assegurando meticulosamente o equilíbrio de tudo e elaborando manualmente relatórios financeiros ficaram para trás há muito tempo; todas essas tarefas são automatizadas agora. Sem a rotina de precisar processar números, o que costumava demandar longos dias debruçados sobre calculadoras, profissionais de contabilidade têm reinventado suas carreiras e ativado sua criatividade.

Além disso, o advento da computação em nuvem e dos aplicativos financeiros permitiu que as pessoas, incluindo os empresários, assumissem um papel mais ativo na contabilidade e na escrituração. Agora, em vez de os contadores fazerem lançamentos de diário e elaborarem demonstrativos financeiros, as pessoas têm recorrido a esses experientes profissionais por outros motivos: buscando aconselhamento e orientação, seus conhecimentos em planejamento de negócios e em impostos, além de especialidades que envolvem tecnologia e perícia. Vamos analisar algumas das mudanças mais recentes.

MUDANÇAS NO SOFTWARE

Hoje, você apenas precisa de um smartphone e alguns aplicativos para fazer um orçamento pessoal, preparar demonstrações financeiras da empresa ou acompanhar sua carteira de investimentos. Certamente, as corporações multinacionais ainda têm departamentos de TI (tecnologia da informação), salas de servidores, equipes de contadores e, na maioria das vezes, licença de uso de algum software contábil. No entanto, a tecnologia e a economia estão mudando e, consequentemente, os programas de contabilidade também.

Com bilhões de pessoas usando smartphones e tablets em vez de laptops ou computadores de mesa, o desenvolvimento de software tem se concentrado mais em aplicativos e computação em nuvem. Em vez de baixar programas ou instalá-los via CD, muitos estão recorrendo a soluções on-line – principalmente as móveis. Enquanto é impossível levar o sistema de computadores da empresa com você, um smartphone cabe no bolso e você pode usá-lo para ter acesso instantâneo às informações contábeis e financeiras de que precisa, onde quer que esteja.

A tecnologia móvel também proporciona aos contadores acesso instantâneo e atualizado aos livros de seus clientes. Em vez de passar nove dias na sala de reuniões de um cliente, examinando registros e recibos manuscritos, compilando dezenas de lançamentos no diário, agora os contadores podem simplesmente acessar as informações dispostas na nuvem e revisar transações complicadas à medida que são feitas. Podem analisar as finanças do cliente sem sair do escritório ou mesmo fazer isso no café do térreo. As demonstrações financeiras que o cliente preparou podem ser fácil e rapidamente revisadas, ajustadas (corrigindo erros ou adaptando-as aos requisitos dos GAAP) e inseridas na folha de pagamento, vendas e declarações de imposto de renda – e tudo isso pode ser feito em um smartphone ou tablet.

MAIS CLIENTES ADEREM AO "FAÇA VOCÊ MESMO"

Naturalmente, à medida que softwares e aplicativos tornam as tarefas básicas de contabilidade e escrituração tão fáceis quanto comer pizza, mais pessoas têm realizado essas atividades por conta própria. É possível vincular contas bancárias, de cartão de crédito e de corretagem on-line à maioria dos softwares contábeis ou fiscais. Essa automação elimina os erros matemáticos comuns e as transações perdidas que antes atormentavam contadores e guarda-livros. As pessoas não precisam mais depender desses profissionais para lidar com suas transações comerciais, ou mesmo para calcular os impostos. Agora tudo é na base do "faça você mesmo" e, na maioria das vezes, o trabalho contábil é realizado na nuvem.

Chega de erros

Desde que os programas de planilhas eletrônicas começaram a ser usados décadas atrás, muitos erros matemáticos comuns foram praticamente extintos... exceto um. O software contábil não reconhece um erro de lançamento de transposição (como digitar R$ 160 em vez de R$ 610) se isso não desequilibrar nada, mas um contador experiente notará o erro.

À medida que os clientes colocam mais a mão na massa e os computadores assumem o restante do trabalho matemático, o papel e as responsabilidades dos contadores continuam mudando.[39]

SEGURANÇA CIBERNÉTICA NO CENTRO DAS ATENÇÕES

Conforme acontece a movimentação de dados contábeis na internet, contadores CPAs e empresas precisam se proteger de ataques cibernéticos, intensificando a segurança dessas informações. Hackers atacam redes vulneráveis, vasculhando informações financeiras confidenciais, números da previdência social e segredos corporativos.

Informações supersigilosas são confiadas por clientes aos contadores, que ficam encarregados de fazer todo o possível para

39 No Brasil, a maior parte das empresas precisa usar contadores próprios ou terceirizados para atender à complexidade do sistema tributário brasileiro. De acordo com o Novo Código Civil, as empresas são obrigadas a apresentar a escrituração regularmente. Neste caso, só microempreendedores individuais não precisam ter contadores, apesar de ser uma boa prática de mercado para pequenas empresas. Para saber mais, acesse: www.sebrae.com.br/sites/PortalSebrae/ufs/mg/artigos/o-contador-e-o-mei,5cfca44 2d2e5a410VgnVCM1000003b74010aRCRD [N.R.T]

manter tais dados protegidos. Essa proteção precisa começar logo na linha de frente, com os próprios contadores. É fundamental que esses profissionais saibam bastante sobre como agir diante de golpes cibernéticos: nunca clicar em links de e-mails de phishing, reportar imediatamente até mesmo suspeitas de problemas de segurança, respeitar a confidencialidade do trabalho (atentar-se ao que publica nas redes sociais), ser extremamente cauteloso ao enviar informações por e-mail e se manter vigilante quanto a vírus e invasões no sistema.

Esse cuidado deve ser permanente: não adianta apenas instalar um firewall e um antivírus, esperando que isso seja suficiente para impedir a entrada de hackers e ladrões de identidade. As medidas de segurança do sistema precisam ser revisadas e atualizadas com frequência. Por exemplo, os contadores devem fazer uso de criptografia e utilizar senhas muito fortes para as informações armazenadas na nuvem e alterá-las regularmente. Também devem limitar o acesso aos dados do cliente somente aos profissionais que estão trabalhando nessa conta, além de criptografar as informações confidenciais enviadas por e-mail com documentos protegidos por senha e, em seguida, comunicar a senha separadamente. Essas medidas são essenciais para a proteção das informações financeiras (e pessoais) do cliente.

SOFTWARE CONTÁBIL

Rápido, fácil, preciso

A calculadora seguiu o caminho do ábaco e, agora, é usada apenas como decoração ou como peça de exposição de museu. Essa antiga ferramenta não é mais necessária uma vez que os computadores assumiram as tarefas contábeis mais rotineiras.

A informatização dos lançamentos contábeis poupa seu tempo e traz uma série de outros benefícios, tais como: o fim dos erros de cálculo (o que diminui o tempo necessário para encontrá-los); e análises e relatórios imediatos sob demanda, com informações instantâneas para a tomada de decisão.

Atualmente, encontramos no mercado contábil softwares on-line, aplicativos para celulares e tecnologias que os contadores do passado nunca poderiam sequer ter imaginado. Ainda assim, muitos profissionais se apegam ao básico e continuam utilizando a primeira inovação tecnológica adotada no setor: a planilha eletrônica. A seguir, você aprenderá tudo o que precisa saber sobre isso, além de obter informações sobre que tipo de software comprar, qual sistema contábil adotar (se é que precisa de um) e o que fazer com o programa de impostos. Vamos lá!

LINHAS E COLUNAS

Os primeiros passos em direção a uma contabilidade mais automatizada se deram na forma de planilhas eletrônicas em computadores pessoais. Antes disso, as planilhas eram feitas à mão, em papel, o que consumia um tempo enorme. Com o advento dos *mainframes*, em meados do século XX, os contadores passaram a inserir essas informações em um computador – se tivessem a sorte de ter acesso a um –, mas não havia como conferir o que estavam fazendo até que os dados fossem compilados e processados.

Esse primeiro passo, com certeza, representou uma grande inovação, mas a verdadeira revolução ainda estava por vir.

VisiCalc e Lotus 1-2-3

Uma necessidade levou à mudança da cara das planilhas eletrônicas. Graças à ideia visionária de Dan Bricklin, um estudante de MBA de Harvard, surgiu o tipo de planilhas que utilizamos hoje. Bricklin trabalhava em um estudo de caso quando percebeu que, ou teria que escrever muito, ou conseguir um horário para usar o *mainframe* (isso mesmo, reservar um horário de acesso ao computador). Nenhuma dessas opções o atraiu; então, surgiu a ideia do que viria a ser o VisiCalc: a primeira planilha de computação na qual era possível enxergar suas ações em tempo real, inclusive manipular os números na hora, tudo em um computador pessoal.

O VisiCalc foi projetado para os primeiros computadores da Apple. Como os PCs da IBM entraram na moda, outro programa mais robusto de planilhas, chamado Lotus 1-2-3, assumiu a liderança. Esse programa era muito mais fácil de usar e trouxe ainda mais funcionalidades aos contadores. O que realmente ajudou o fluxo de trabalho foi a introdução de macros, que eram conjuntos de instruções que automatizavam funções comuns. Nem isso, porém, conseguiu impedir que a próxima geração de planilhas assumisse o controle.

Excel

Em meados da década de 1980, a Microsoft lançou sua planilha Excel e, assim, virou a maré de planilhas eletrônicas. Ele ainda é o software de planilhas mais utilizado, mesmo trinta anos após seu lançamento auspicioso. Contadores, empresas e famílias usam o Excel para criar orçamentos e previsões financeiras, registrar e analisar informações financeiras, fazer tabelas e gráficos e acompanhar praticamente qualquer coisa, desde a confirmação de convidados para um evento até pagamentos bancários on-line e itens de estoque.

Para aproveitar ao máximo os recursos de programas como o Excel, os contadores desenvolveram planilhas interligadas que podem "transportar" os números de um formulário para outro. A necessidade de flexibilidade e fácil manipulação de informações e relatórios acabou dando origem ao software contábil mais completo que temos hoje, o SIC.

O SIC TEM TUDO

Um sistema de informações contábeis, ou SIC, contém todas as informações necessárias a uma empresa para controlar suas finanças. O software assume as diversas tarefas rotineiras e trabalhosas que no passado eram feitas à mão – e consumiam muito papel –, em densos livros e diários de transações. Com esse sistema antigo, era impossível elaborar demonstrativos em tempo real; uma solicitação de relatório levava horas, se não dias, para ser atendida. Graças ao SIC automatizado, porém, esses relatórios ficam disponíveis com apenas um clique.

A configuração de um SIC depende das características da empresa que o está usando. De modo geral, porém, um SIC típico produz ou monitora:

- Registro de cheques;
- Faturas de fornecedores;
- Pagamentos a fornecedores;
- Ordens de compra;
- Ordens de venda;
- Faturas de clientes;
- Pagamentos de clientes;
- Contas de estoque;
- Dados de folha de pagamento;
- Razão geral;
- Balancetes de verificação.

Com todas essas informações, é possível criar muitos relatórios e demonstrativos diferentes, incluindo demonstrações financeiras detalhadas, orçamentos, relatórios analíticos, cronogramas de depreciação e previsões. Além disso, ter acesso instantâneo aos dados contábeis facilita muito o monitoramento e a auditoria (verificação da precisão).

Devido aos muitos recursos que possui e à sua adaptabilidade, os SICs são ferramentas valiosas, especialmente para empreendedores que gostam de estar no controle de suas finanças. Não é necessário esperar que o contador, ou o departamento de contabilidade, informe-os sobre a situação dos negócios. Esses empresários podem simplesmente criar um relatório e analisá-lo na hora por conta própria. No entanto, qual o tipo de SIC ideal para a sua empresa?

O que não faz parte?

O SIC contém muitas informações, mas não todas. Apresentações em PowerPoint, memorandos, planilhas de vendas e similares – mesmo que incluam dados financeiros – não fazem parte dos registros de uma empresa para fins contábeis.

TAMANHO DE SOFTWARE DE PEQUENO A GRANDE

Não importa o tamanho de sua empresa, há um programa contábil adequado às necessidades dela. Existem softwares predefinidos perfeitos para pequenas empresas individuais; pacotes destinados a pequenas e médias empresas; e até plataformas que funcionam para conglomerados multinacionais.

Decidir qual a melhor opção para determinada empresa depende do que ela necessita e do tipo de decisão que a administração precisa tomar. Por exemplo, um escritor freelance talvez apenas precise de controle de tempo, faturamento de clientes e relatórios financeiros básicos para alimentar sua declaração de imposto de renda. Um negócio familiar pode exigir um software robusto que controle o estoque, registre vendas diárias, programe pagamentos aos fornecedores e contabilize despesas gerais. Uma loja de departamentos necessitaria de todos esses recursos, mais os de folha de pagamento, de divisão de estoque, custos, despesas e vendas por departamento, e relatório detalhado de contas a receber. Em geral, empresas maiores e mais diversificadas têm necessidades mais complexas, e seu SIC tem que atendê-las.

Pequenas empresas

Alguns dos melhores e mais populares programas contábeis predefinidos (disponíveis na nuvem ou instalados em computadores locais) para micro (empresas muito pequenas, como freelances que não realizam muitas transações) e pequenas empresas são os seguintes:[40]

- **Intuit QuickBooks:** Muito bem avaliado por vários empresários, o QuickBooks é simples de configurar e usar. Na verdade, pelo menos 80% do mercado de software financeiro para pequenas empresas o utiliza, e há bons motivos para isso. Com ele, você pode facilmente importar informações de outros programas, incluindo o Microsoft Excel, e exportar dados para um software de preparação de imposto. É até possível conectá-lo a suas contas bancárias e de cartão de crédito, a fim de simplificar a contabilização de depósitos e pagamento de contas.
- **Zoho Books:** As microempresas não necessitam de muitos aparatos. Elas só precisam de um software básico de contabilidade que possa monitorar suas vendas e despesas, e gerar alguns relatórios simples. Você encontra esses recursos no Zoho Books.

---

40 Existem softwares nacionais e startups de contabilidade no Brasil, como Contabilizei, Conta Azul e Facilite, que custam mais barato do que contratar um escritório de contabilidade tradicional. Para pequenas empresas, essas startups resolvem toda a burocracia por meio de uma plataforma digital, da emissão de notas à declaração de imposto de renda (PJ) a baixo custo. [N.R.T]

Se a sua empresa decolar, o Zoho oferece algumas ferramentas avançadas que permitem ao software crescer com a empresa.

- **FreshBooks:** Concebido especialmente para autônomos, freelances e prestadoras de serviços muito pequenas, o FreshBooks é um software contábil flexível e de fácil navegação na nuvem. O programa mantém as despesas organizadas, monitora o tempo faturável e lida com o faturamento do cliente para que você possa investir seu tempo em seus clientes, não se preocupando com a contabilidade. O FreshBooks oferece também um dos melhores aplicativos móveis de contabilidade atualmente disponíveis, permitindo que você verifique as finanças da empresa de qualquer dispositivo, onde estiver, em segundos.
- **Xero:** Esse programa roda tanto em iOS quanto em Windows – o que é uma grande vantagem para os usuários de Mac que, muitas vezes, ficam presos a versões mais fracas de softwares originalmente projetados para PCs. O programa multifuncional da Xero oferece todos os recursos contábeis de que as pequenas empresas precisam, automatizando tarefas básicas de escrituração e, assim, poupando o seu tempo.

Empresas de médio porte

Em geral, as empresas de médio porte precisam de mais recursos que os oferecidos por programas contábeis básicos. Além de funções mais personalizáveis, essas organizações também precisam de relatórios e análises mais avançados. Necessitam também de recursos especiais, como gerenciamento de projetos e mineração de dados (vasculhar bancos de dados a fim de reunir informações da maneira mais pertinente). Com bastante transações, muitos clientes e fornecedores para monitorar, elas precisam de programas bons em processamento de dados. É por isso que são chamados de ERPs – *enterprise resource planning systems* (sistemas de planejamento de recursos empresariais) –, em vez de simplesmente software contábil. Para empresas que superaram o status de pequenos negócios, boas opções de ERP são:

- **Sage 100c ou 300c:** A Sage oferece software contábil para todos os portes de empresas e suas soluções para negócios de médio porte em crescimento dão conta do trabalho. O pacote 100c une todos os aspectos do seu negócio, de colaboradores a estoques e questões de conformidade, e oferece a opção de personalizar seu sistema com módulos adicionais apropriados. O pacote 300c acrescenta um toque internacional, tornando-o uma ótima opção para empresas com clientes fora dos Estados Unidos. Os dois sistemas da Sage são simples de aprender e de navegar.
- **NetSuite ERP:** Esse sistema sofisticado combina poderosas ferramentas de gerenciamento financeiro com métricas da cadeia de suprimentos e gestão de produção, conectando transações e planejamento de negócios. Esse programa foi criado para empresas de ponta e permite operações internacionais e inteligência de negócios em tempo real para uma tomada de decisão mais rápida e eficaz.

Grandes empresas

Agora, existem sistemas prontos para uso que podem funcionar para empresas muito grandes. Na maioria das vezes, porém, gigantes corporativos e multinacionais exigem softwares personalizados e proprietários para atender às suas necessidades particulares. Esse sistema personalizado permite transações especializadas, recursos de auditoria e controle interno focados, e problemas de conformidade específicos que são muito complicados para softwares de prateleira.

O software SIC pode ser criado ou adaptado para satisfazer às necessidades específicas - e às vezes únicas - de praticamente qualquer tipo de negócio. O programa, então, se torna proprietário, isto é, a empresa para a qual foi criado (não importando quem cria o programa) é a única que pode usá-lo.

Às vezes, em especial nas grandes corporações, um departamento interno de TI desenvolve um software contábil personalizado, construindo-o do zero ou a partir de um programa base existente. A principal vantagem de manter o projeto do programa internamente é o acesso: com a participação dos usuários finais do software, aquelas pessoas que de fato utilizam o programa de contabilidade para fazer escrituração e gerar relatórios, o desenvolvedor do software pode garantir que ele está mesmo atendendo às necessidades da empresa.

O software contábil especializado também pode ser desenvolvido por uma fonte externa. Se seguir esse caminho, a empresa deve examinar cuidadosamente os desenvolvedores e solicitar propostas antes de decidir quem contratar. Depois que essa escolha for feita, o desenvolvedor se reunirá com a administração e os usuários finais para certificar-se de que entenderam completamente os requisitos do programa.

De qualquer maneira, o projeto é feito em etapas, com muitos testes ao longo do caminho. Como pode haver uma "barreira linguística" entre o desenvolvedor e os usuários finais, é muito importante envolver estes nos testes para detectar problemas e bugs antes que o software entre no ar.

VOCÊ DEVE FAZER O TRABALHO POR CONTA PRÓPRIA USANDO O SOFTWARE FISCAL?

Independentemente do tamanho do seu negócio, você terá que pagar impostos e, como já vimos, a legislação tributária é complicada e confusa. Contudo, o software de preparação de impostos para fins pessoais e comerciais pode ser muito fácil de usar, ainda mais quando a sua situação financeira é relativamente simples (tem um único emprego, não tem filhos nem investimentos ou renda de aluguel). Fazer as declarações de imposto com os softwares disponíveis hoje não requer um conhecimento profundo do jargão jurídico. Basta organização, tempo e paciência para prepará-las por conta própria.[41] Além disso, nos EUA, se você tiver receita comercial (de freelance ou consultoria, por exemplo), qualquer software fiscal que você comprar será uma despesa dedutível. Consulte as regras de declaração de IR e de dedução fiscal do seu país.

Dito isso, se sua situação fiscal for mais complexa, você pode pelo menos consultar um contador para garantir que não esteja pagando mais impostos do que o necessário ou para se preparar para ser auditado pela Receita Federal. Se você decidir tentar o caminho do "faça você mesmo", seguem alguns fatores a serem considerados:

- O software é fácil de usar?
- O software oferecido funciona apenas on-line ou você pode baixar o programa?
- O software on-line teve problemas de segurança e o quanto o site é seguro agora?
- Quanto custa o software?
- Há um custo adicional para preencher um imposto estadual, arquivo eletrônico ou incluir anexos extras?
- O programa orienta o preenchimento dos impostos ou apenas fornece os formulários?
- A revisão da declaração é completa?
- O que acontece se a sua declaração for auditada?

Não escolha apenas o software mais barato; pode ter custos adicionais à medida que o usa ou não oferecer a flexibilidade de que você precisa. Qualquer que seja o programa escolhido, certamente

41 A declaração pode ser feita no Brasil via celular, usando o aplicativo da Receita Federal, sem necessidade de outros programas. As pessoas também podem declarar seu IRPF por conta própria com facilidade, embora em casos mais complexos, como para quem investe em ações, o processo passe a ser mais complexo e demande a presença de um contador. [N.R.T]

custará menos que um contador. No entanto, há muitas vantagens em contratar um profissional quando o assunto é a sua vida financeira. Para começar, conheça alguns softwares de preparação de impostos robustos e comprovados.[42]

TurboTax

Há um motivo para o TurboTax ser o software de preparação de impostos mais utilizado: é fácil de navegar, oferece bastante orientações e permite ao usuário importar documentos relacionados a imposto de renda de mais de um milhão de instituições financeiras e empregadores.

H&R Block

H&R Block, a popular empresa de preparação de impostos "drive-thru", também oferece software de imposto de renda do tipo "faça você mesmo". Repleto de listas de verificação para ajudá-lo a se organizar, esse programa orienta bem o usuário durante o preenchimento da declaração. Seus recursos intuitivos auxiliam bastante – às vezes, antes mesmo de você perceber que precisa de ajuda – e fornecem respostas claras em relação a questões fiscais.

TaxAct

Para contribuintes preocupados com o orçamento, o TaxAct oferece muitas funcionalidades por um preço mais baixo – embora não tão baixo quanto costumava ser, especialmente quando você acrescenta declarações fiscais estaduais e formulários adicionais (como o Anexo A para deduções detalhadas). O programa oferece resumos de sua renda e deduções para facilitar a revisão. Além disso, seus recursos de segurança foram ampliados (como bloqueio automático se você se afastar do programa por mais de alguns minutos) em resposta a uma invasão ocorrida em sua plataforma 2016.

---

42 Para quem investe na Bolsa, existem aplicativos brasileiros que facilitam a declaração de impostos, são eles: Grana Capital, Fliper, MyCapital e Bússola do Investidor. [N.R.T]

APLICATIVOS CONTÁBEIS

Tome decisões em qualquer lugar

A procura por uso de contabilidade móvel, que permite verificar números e gerar relatórios a qualquer hora e em qualquer lugar, é grande. Essa demanda trouxe ao mercado inúmeros aplicativos contábeis desenvolvidos para transformar seu smartphone ou tablet em um sistema de informações contábeis. Embora a maioria desses aplicativos possua em geral os mesmos recursos, cada um vem com uma pequena diferença. Você só precisa encontrar o mais adequado às suas necessidades.

Levando em consideração o lado comercial, você precisa de um aplicativo que se integre ao seu software contábil. Assim, pelo menos uma parte desse programa deve estar na nuvem. Pensando em preferência pessoal, as opções de aplicativos são muito mais amplas. Sua escolha dependerá do tipo de informação que você deseja ter ao seu alcance e do quanto a segurança é uma preocupação para você. A seguir, veremos alguns dos aplicativos contábeis disponíveis no mercado para que você possa analisar as melhores opções para o seu caso.

Cuidado com o Wi-Fi

Alguns celulares ou tablets se conectam automaticamente ao Wi-Fi quando há um sinal disponível. No entanto, nem sempre essa conexão é segura. Evite transmitir informações financeiras confidenciais por meio de conexões Wi-Fi não seguras.

NEGÓCIOS EM MOVIMENTO

A maioria dos softwares de contabilidade, se não todos, vem com um aplicativo móvel associado, permitindo acesso rápido às suas informações contábeis por meio de um smartphone ou tablet. Além disso, há aplicativos que possibilitam monitorar e registrar despesas comerciais, solicitar e aceitar pagamentos de clientes e manter seus registros contábeis mais organizados.

Um dos melhores aplicativos de contabilidade móvel para proprietários de pequenas empresas e freelances é o da FreshBooks. Ele ajuda o usuário a emitir e monitorar faturas, configurar faturas regulares para clientes, monitorar e organizar despesas, criar demonstrações financeiras e até aceitar cartões de crédito em seu smartphone ou tablet. O QuickBooks também oferece um aplicativo robusto que se conecta ao seu software baseado na nuvem. Com um painel que o auxilia a consultar rapidamente as tarefas a serem realizadas, o aplicativo QuickBooks coloca à disposição de quem o usa muitos recursos contábeis e relatórios financeiros em tempo real.

Tanto o PayPal quanto o Square possibilitam ao usuário transformar seu dispositivo móvel em uma caixa registradora virtual, aceitando pagamentos com cartão de crédito e enviando os valores diretamente para a conta bancária de sua escolha. Aplicativos como o Expensify ajudam a monitorar e organizar as despesas enquanto você estiver em trânsito, seja vinculando a um cartão de crédito ou débito, ou tirando fotos de recibos individuais e extraindo deles os dados relevantes.

ACOMPANHE SEU DINHEIRO 24 HORAS POR DIA

A organização contábil do seu próprio dinheiro se enquadra na categoria de finanças pessoais, mas não deixa de ser contabilidade. No mercado, é possível encontrar alguns ótimos aplicativos para smartphones e tablets que o ajudarão a controlar e administrar seu dinheiro; eles reúnem tudo aquilo que pode afetar sua situação financeira atual.

Alguns aplicativos se concentram no orçamento, outros em controlar contas e, ainda, há os que focam em planejamento de investimentos e aposentadoria. Para muitas pessoas, os mais úteis são aqueles que deixam à disposição do usuário as informações de que precisam todos os dias para controlar as finanças. Segue um resumo de alguns dos melhores e mais populares aplicativos de contabilidade pessoal disponíveis.

Money Manager, orçamento e finanças pessoais

Money Manager, o aplicativo financeiro pessoal da Mint.com, analisa suas finanças de modo abrangente, permitindo que você veja quanto gasta, onde pode economizar e a situação de todas as suas contas. O aplicativo auxilia na criação e manutenção de um orçamento, além de controlar e administrar seu dinheiro. Nele, ainda há espaço para contas de empréstimo e aposentadoria. Para os novatos em finanças, o Money Manager gera um orçamento inicial com base nos seus gastos. É possível ajustar esse orçamento quando você tiver melhor controle de suas finanças. Esse aplicativo faz parte da família Intuit, que também inclui o Quicken, o QuickBooks e o TurboTax.

Prosper Daily

O Prosper Daily (cujo nome era BillGuard) oferece um ótimo monitoramento de cartões de crédito e débito. Baseado no uso que você faz de seu cartão, esse aplicativo reúne as informações e faz um retrato de suas transações recorrentes (incluindo até aquele chai latte que você bebe todo dia). Essa funcionalidade é importante também no aspecto de segurança, pois ajuda a protegê-lo de cobranças fraudulentas em seus cartões. Se o aplicativo detectar algo suspeito, ele o avisa imediatamente. O Prosper Daily também oferece proteção *premium* contra roubo de identidade (por uma taxa extra). Além disso, ele monitora sua pontuação de crédito (*credit score*) para que você possa ficar de olho em seu bem-estar financeiro.

Personal Capital Budgeting and Investing

O Personal Capital Budgeting and Investing é mais focado em geração de riqueza. Esse aplicativo oferece tabelas e gráficos de fácil leitura para você ter uma visão muito clara da situação das suas finanças. Nele, é possível controlar os ativos por conta (por exemplo, tudo o que você tem com a Fidelity Investments) ou por tipo (como ações, títulos ou CDBs) e até monitorar cada investimento individual. Você pode também comparar suas participações com as principais referências e índices de mercado, o que o auxilia no controle do desempenho do seu investimento. Além das funções de investimento, esse aplicativo permite ao usuário monitorar cartões de crédito, montar orçamentos e vincular todas as contas para uma visualização rápida.

E QUANTO AOS APLICATIVOS DE IMPOSTOS?[43]

Do mesmo modo que os programas de contabilidade e finanças, o software de declaração de imposto de renda pode ser acessado por um aplicativo em seu smartphone ou tablet. Junto com muitos aplicativos que oferecem orientações, conselhos e tabelas de impostos, você pode agora compartilhar seus dados fiscais com algumas empresas de preparação de impostos ou até mesmo preencher e enviar sua própria declaração de imposto usando um aplicativo.

TurboTax, um dos principais pacotes de software de imposto de renda do mercado, oferece um aplicativo que permite aos usuários tirar uma foto de seus informes de rendimentos, responder a algumas perguntas simples sobre sua situação financeira e enviar arquivos eletrônicos – com segurança – do smartphone ou tablet.

43 Atenção: o único aplicativo para declaração de imposto de renda é o da Receita Federal. [N.R.T]

Os custos da operação variam de acordo com a complexidade da sua declaração de imposto de renda.

A gigante de preparação de impostos H&R Block tem no mercado um aplicativo que possibilita importar a declaração de imposto de renda do ano anterior e carregar seu informe de rendimentos, e ainda o orienta ao longo do processo com um método simples de perguntas e respostas. É possível escolher quais recursos utilizar (como consultoria especializada e avaliação das deduções) e o pagamento por uso do aplicativo apenas ocorre após o envio da sua declaração.

Até a Receita Federal dos EUA marca presença nessa área. O aplicativo móvel oficial IRS2Go permite ao usuário verificar o status de sua restituição, localizar assistência gratuita para declaração de impostos, pagar os impostos devidos e receber dicas gratuitas da agência.

CONTABILIDADE NA NUVEM

A qualquer hora, em qualquer lugar

Hoje em dia, mobilidade é tudo. Todos querem as informações de que precisam na ponta dos dedos, nos celulares, em um instante. Empresários, equipes administrativas, trabalhadores e contadores não estão mais presos às mesas de um escritório. Contadores e clientes têm à disposição informações de vários modos, não importando onde estejam; podem até inserir ou atualizar números à medida que as coisas acontecem em qualquer lugar do mundo.

A computação em nuvem simplificou a transferência de informações contábeis entre as empresas e seus contadores. Agora, assim que um cliente posta dados financeiros, o contador pode visualizar os números e as atualizações em tempo real. Essa inovação aumentou bastante a eficiência dos contadores, economizando tempo e dinheiro para ambos os lados.

Além disso, a nuvem facilita as atualizações de software. Na verdade, os usuários dificilmente percebem as mudanças, pois as atualizações são integradas às atividades de computação em nuvem. Não é mais necessário desligar o sistema, reinicializar ou carregar os programas em unidades locais. E se uma empresa decidir mudar de plataforma – migrando de Windows para iOS, por exemplo – nem o software, nem os dados contábeis serão afetados.

Embora existam prós, também há alguns contras em relação à contabilidade na nuvem. Vamos analisar ambos nesta seção.

AS MUDANÇAS FLUEM NOS DOIS SENTIDOS

No passado, as reuniões com o contador eram sempre presenciais e, muitas vezes, exigiam mesas de sala de reuniões, onde dezenas, se não centenas, de documentos eram analisados. Os contadores precisavam descobrir que lançamentos contábeis precisavam ser feitos para arrumar o financeiro e os listavam para o cliente inserir no sistema (ou a equipe de contabilidade faria isso para o cliente, no próprio escritório da empresa). Tradicionalmente, isso ocorria apenas quando o contador fosse "fechar os livros" do período em questão. Durante esse processo, esse profissional teria que realizar ajustes contábeis para corrigir quaisquer erros do cliente ou preparar lançamentos de ajuste e fechamento. Manter o contador sempre por perto gerava um gasto enorme, sobrecarregando o orçamento de pequenas empresas, cuja limitação financeira as impossibilitava de ter os próprios contadores na equipe.

Alguns programas, como o QuickBooks, foram adaptados para permitir que o contador, a partir de seu próprio escritório, acesse os dados de um cliente e faça as alterações necessárias. Hoje em dia, com tantos recursos baseados na nuvem, os contadores que têm acesso total e instantâneo às informações financeiras dos clientes são a regra, e não a exceção.

Quando o contador precisa realizar alterações ou ajustes nos registros de um cliente, basta se conectar às informações por meio da nuvem. Caso o cliente adicione ou altere dados, o profissional é notificado e pode verificá-los na hora. O contador também pode criar relatórios especiais, extrair informações para declarações de impostos (incluindo folha de pagamento e impostos sobre vendas, juntamente com os impostos de renda da empresa) e realizar algumas tarefas de revisão sem sair do escritório ou debruçar-se sobre toneladas de papel. Mesmo a árdua tarefa de auditar os livros de um cliente já não exige que o contador saia do escritório.

8*JqLn41uM

Senhas complexas não têm que ser impossíveis de lembrar. É possível transformar qualquer coisa em uma senha difícil de hackear alterando ou adicionando caracteres. Por exemplo, "meucachorrobaxter" pode ser facilmente virar "meUcax0rR0b@XteR".

QUESTÕES DE SEGURANÇA

A segurança cibernética é de longe a maior ameaça à contabilidade na nuvem. Informações confidenciais e proprietárias, como o número da previdência social do colaborador ou produtos em estágios de pesquisa e desenvolvimento, são mantidas a sete chaves. Nos dias de hoje, até mesmo dados criptografados podem ser roubados e decifrados por criminosos cada vez mais experientes em tecnologia.

Então, como proteger os dados contábeis na nuvem? A primeira coisa a considerar é que esse armazenamento nunca será 100% seguro. No entanto, há muitas medidas que você pode tomar para manter essas informações o mais protegidas possível. A mais importante é adotar a criptografia. Por exemplo, antes de armazenar arquivos na nuvem, compacte-os e proteja-os com senha. Dessa maneira, somente quem souber a senha poderá abri-los e visualizá-los. Use senhas longas e complicadas e as troque com frequência. Além disso, se estiver utilizando um serviço de armazenamento em nuvem, comece verificando o contrato do usuário para obter informações sobre protocolos de segurança, que podem incluir serviços de criptografia.

Antes da computação em nuvem, se o computador de sua empresa fosse roubado, hackeado, destruído ou infectado por um vírus, você perdia todas as informações se não tivesse um backup delas – e a maioria das empresas não fazia o backup diariamente. Agora, não importa o que aconteça com o computador físico, você ainda pode administrar seus negócios normalmente, porque todos os dados necessários estão disponíveis na nuvem.

Toda essa inovação tem facilitado a prática contábil, mas isso é apenas o começo.

A CONTABILIDADE DO AMANHÃ

Para onde iremos?

Para onde irá a contabilidade? O futuro do setor está intimamente ligado a avanços na tecnologia, mudanças nas leis tributárias e evolução da regulamentação de transparência corporativa. Além disso, à medida que o mundo fica cada vez menor e empresas multinacionais são cada vez mais comuns, o mercado contábil precisará desenvolver expertise internacional para permanecer relevante.

Uma coisa é certa: no futuro próximo, a demanda por contadores permanecerá forte, com salários compatíveis.

TODO MUNDO QUER UM CONTADOR

Segundo o U.S. Bureau of Labor Statistics (BLS – Serviço de Estatísticas do Trabalho dos EUA), a demanda por profissionais de contabilidade está aumentando mais rápido do que a média para todas as ocupações.[44] Entre 2014 e 2024, eles calculam que os empregos na área contábil crescerão impressionantes 11%. Além disso, esses empregos oferecem excelentes perspectivas salariais. O BLS informou que o salário médio atual para todos os contadores (o que inclui contadores com um ano na equipe e CPAs experientes) é de 67.190 dólares por ano. E essa agência não é a única a prever um futuro promissor para esses profissionais financeiros.

A agência de recrutamento profissional Robert Half espera que a procura por profissionais de contabilidade recém-formados aumente. Há três razões principais para isso:

44 Hoje, no Brasil, há meio milhão de contadores registrados. Quase um terço deles está no Estado de São Paulo. [N.R.T]

1. Os *baby boomers* (geração dos nascidos entre 1946 e 1964) estão se aposentando em ritmo acelerado, deixando empresas de contabilidade e empresas com departamento de contabilidade lutando para preencher seus quadros;
2. As regulamentações e os requisitos financeiros têm se transformado rapidamente nos Estados Unidos, e em todo o mundo, demandando que os contadores ajudem os clientes a fazer as mudanças necessárias para permanecer dentro das normas;
3. Há uma escassez de trabalhadores altamente qualificados (em especial nos Estados Unidos), principalmente aqueles com habilidades na área de tecnologia e conhecimento em cumprimento de normas (compliance) ou regulamentação.

É UM MUNDO PEQUENO, AFINAL

Não há como contornar esta verdade: vivemos em uma economia global. Empresas estadunidenses têm filiais e investimentos no exterior, e as ações de corporações dos EUA são negociadas nas bolsas de valores de todo o mundo. Por outro lado, empresas com sede em outros países possuem interesses comerciais nos Estados Unidos, e ações de empresas estrangeiras são negociadas nas bolsas de valores dos EUA. Quanto mais países ao redor do mundo adotarem os IFRS (*International Financial Reporting Standards* – Normas Internacionais de Contabilidade, em português), mais os Estados Unidos serão pressionados a se adequarem a esses padrões globais.

Todos esses fatores aumentam as oportunidades para os contadores e também a demanda por esses profissionais, em especial aqueles com uma compreensão abrangente de economias globais, culturas e costumes, e práticas comerciais variadas, sem mencionar sólidas habilidades linguísticas. Juntamente com essas principais competências, um conhecimento prático dos diferentes

sistemas de impostos em vários países será de grande serventia para clientes multinacionais.

A SKYNET ASSUME A CONTABILIDADE

Computadores e robôs estão dominando o mercado de trabalho. Fábricas funcionam com automação, robôs ajudam os médicos a realizar cirurgias e computadores lidam com o serviço de atendimento ao cliente. Assim como os outros setores, a área contábil tem passado por mudanças, já que muitas tarefas tradicionais de escrituração e contabilidade são agora realizadas por softwares.

Uma multinacional minúscula

Uma empresa não precisa ser um conglomerado corporativo para operar em mais de um país. Por causa do crescente comércio global e da internet, até mesmo empresas muito pequenas podem ser multinacionais.

Embora os computadores tenham assumido grande parte do trabalho técnico, isso não elimina a necessidade de contadores. Na verdade, cria muitas oportunidades novas. E, convenhamos, a maioria dos contadores realmente não sente falta de colunas de números ou de fazer lançamentos manuais em livros-razão e diários.

A seguir, listamos algumas das tarefas realizadas por profissionais de contabilidade que os computadores não conseguem fazer (pelo menos, não ainda):

- Interpretar regras contábeis e decidir como se aplicam a determinada circunstância;
- Ministrar workshops que ajudem as pessoas a controlar as próprias finanças;

- Oferecer assessoria estratégica e serviços de implementação para empresas;
- Orientar novos empreendedores no processo de startup;
- Ajudar os clientes a desenvolver metas e a alcançá-las;
- Aconselhar empresários sobre novas tendências de mercado;
- Navegar pelos riscos e pelas armadilhas dos negócios;
- Ajudar as empresas a expandir e crescer no ritmo certo.

Há também muitas oportunidades para contadores que procuram tirar proveito da tecnologia mais recente. Nos EUA, por exemplo, os CPAs podem obter créditos de CPE (educação profissional continuada), participando de webinars ao vivo, liberando aquele tempo que gastava para ir e voltar da sala de aula. Também podem encontrar e concluir atividades de CPE por meio de podcasts, webcasts e cursos on-line.

O avanço da tecnologia também proporcionou aos contadores novas ferramentas e novas maneiras de processar números em tempo real para ajudar seus clientes a obter vantagens competitivas. Com a computação em nuvem, os clientes têm mais e melhor acesso aos contadores, e os contadores, por sua vez, podem acessar em tempo real as operações do cliente, aumentando, assim, sua capacidade de impedir possíveis problemas financeiros antes mesmo que ocorram.

Os contadores continuam se adaptando às mudanças, exatamente como têm feito desde que conchas e seixos eram usados para contar. Conforme o software automatiza as tarefas mais espinhosas e permite que os clientes assumam o trabalho contábil básico, os contadores passam a poder ter uma visão geral dos negócios. Com sua experiência e seu conhecimento, esses profissionais se tornaram parceiros de negócios valiosos, ajudando empresas a avançar rumo à lucratividade e ao futuro – e não ficam mais apenas sentados no canto de uma sala, com uma máquina de calcular sobre a mesa e um conjunto de canetas e lapiseiras no bolso da camisa.

ESTE LIVRO FOI IMPRESSO
PELA GRÁFICA ASSAHI
EM PAPEL OFFSET 75G/M²
EM JULHO DE 2022